INVENTÁRIO DEOPS

MÓDULO VIII - GEOPOLÍTICA DO CONTROLE

NA BOCA DO SERTÃO: O PERIGO POLÍTICO NO INTERIOR DO ESTADO DE SÃO PAULO (1930-1945)

GOVERNO DO ESTADO DE SÃO PAULO
GERALDO ALCKMIN
GOVERNADOR

SECRETARIA DE ESTADO DA CULTURA
CLÁUDIA COSTIN
SECRETÁRIA

DEPARTAMENTO DE MUSEUS E ARQUIVOS
MARILDA SUYAMA TEGG
DIRETORA

DIVISÃO DE ARQUIVO DO ESTADO
FAUSTO COUTO SOBRINHO
DIRETOR

IMPRENSA OFICIAL DO ESTADO
HUBERT ALQUÉRES
DIRETOR-PRESIDENTE

LUIZ CARLOS FRIGERIO
DIRETOR VICE-PRESIDENTE

CARLOS NICOLAEWSKY
DIRETOR INDUSTRIAL

RICHARD VAINBERG
DIRETOR FINANCEIRO E ADMINISTRATIVO

CEETEPS
CENTRO ESTADUAL DE EDUCAÇÃO TECNOLÓGICA PAULA SOUZA

PROF. MARCOS ANTÔNIO MONTEIRO
DIRETOR-SUPERINTENDENTE

PROF. REMO ALBERTO FEVORINI
VICE DIRETOR-SUPERINTENDENTE

PROF.ª LAURA LAGANÁ
CHEFE DE GABINETE

Arquivo do Estado de São Paulo
R. Voluntários da Pátria, 596 – Santana
CEP: 02010-000 – São Paulo – SP
Fone/Fax: (11) 6221-4785
www.arquivoestado.sp.gov.br
arquivoestado@sp.gov.br

Imprensa Oficial do Estado
Rua da Mooca, 1.921 – Mooca
CEP: 03103-902 – São Paulo – SP
Tel.: (11) 6099-9800
Fax: (11) 6692-3503
SAC 0800-123 401
www.imprensaoficial.com.br
divulgacaoeditoriais@imprensaoficial.com.br

Foi feito o depósito legal na Biblioteca Nacional (Lei nº 1.825, de 20/12/1907)

Maria Luiza Tucci Carneiro
(organizadora)

Beatriz de Miranda Brusantin

INVENTÁRIO DEOPS
MÓDULO VIII - GEOPOLÍTICA DO CONTROLE

NA BOCA DO SERTÃO:
O PERIGO POLÍTICO NO INTERIOR DO ESTADO DE SÃO PAULO (1930-1945)

Arquivo do Estado/Imprensa Oficial do Estado
São Paulo
2003

Coordenação Editorial
LAURO ÁVILA PEREIRA
MARIZA ROMERO

Editora Responsável
JULIANA PADUA MELO ALKMIN

Assistente Editorial
FERNANDO DE SOUSA LIMA

Revisão e Preparação de Originais
ADRIANA DE MATOS
ALEXANDRE MICHELLIN TRISTÃO
MARCELA MITIE DE SOUZA MAGARI

Capa e Editoração Eletrônica
FERNANDO DE SOUSA LIMA

Co-edição
ARQUIVO DO ESTADO/IMPRENSA OFICIAL DO ESTADO

Apoio técnico
CENTRO ESTADUAL DE EDUCAÇÃO TECNOLÓGICA PAULA SOUZA

Imagens de capa: Pront. 2426 - Abrahão Maluf. DEOPS/SP, DAESP.

Ficha Catalográfica elaborada por Izolina Maria Junqueira de Assis - CRB – 8 N. 2971

B924n Brusantin, Beatriz de Miranda
Na Boca do Sertão : o perigo político no interior do Estado de São Paulo (1930-1945) / Beatriz de Miranda Brusantin; prefácio de Elizabeth Cancelli. – São Paulo : Arquivo do Estado, Imprensa Oficial do Estado, 2003.
224 p. il. (Inventário Deops, Módulo VIII – Geopolítica do Controle). S.M

Bibliografia
ISBN: 85-86726-48-6 (Arquivo do Estado)
85.7060.142-5 (Imprensa Oficial do Estado)

1. Geopolítica – São Paulo (Estado) – 1930-1945. 2. São Paulo (Estado) – História – 1930-1945. 3. DEOPS: Departamento de Ordem Política e Social. 4. Polícia Política – Brasil – 1930 – 1945. 5. Integralismo – São Paulo (Estado) – 1930-1945. I. Título. II. Série.

CDD 323.49098161
CDU 351.746.1(816.1)

AGRADECIMENTOS

Como fruto de meses de pesquisa e de estudos, este trabalho veio a ser publicado também graças às diversas ações humanas que me cercaram e que ao meu lado definiram os rumos desse projeto de Iniciação Científica.

Pelo grande apoio intelectual, agradeço à Maria Luiza Tucci Carneiro, que definiu academicamente este trabalho e o início de muitos outros. Fico imensamente grata à equipe técnica do Projeto Integrado Arquivo/Universidade, que atenciosamente me auxiliou na elaboração deste projeto. Servindo-me como apoio fundamental, também devo gratidão aos funcionários do Arquivo do Estado de São Paulo, que desde o café nas horas de sono até a edição deste trabalho foram indispensáveis. À Elizabeth Cancelli, pelo prefácio oferecido, e aos diversos professores do curso de História da Universidade de São Paulo que, mesmo sem saber, ajudaram-me na reflexão histórica em relação à documentação do Departamento Estadual de Ordem Política e Social (DEOPS). Como apoio financeiro e de realização profissional, agradeço à Fundação de Apoio à Pesquisa do Estado de São Paulo (Fapesp), que viabilizou a realização deste projeto frente às necessidades básicas de um pesquisador.

Finalmente, pelos entraves, descobertas e feitos historicamente vividos, devo, eternamente, a minha gratidão pelos inúmeros apoios, tanto emocionais como estruturais, aos personagens da minha história: Edie, Mabel, irmãos, amigos e ao querido Yuri.

Beatriz de Miranda Brusantin

SUMÁRIO

COLEÇÃO INVENTÁRIO DEOPS

A *Coleção Inventário DEOPS* é um instrumento de apoio aos pesquisadores interessados em usar o acervo da Polícia Política de São Paulo como fonte para seus estudos. Ao mesmo tempo, essa coletânea abre espaço para a divulgação das pesquisas desenvolvidas pelos alunos de graduação do Departamento de História/FFLCH da Universidade de São Paulo que, como bolsistas FAPESP de Iniciação Científica, participam do Projeto Integrado Arquivo/Universidade.

O PROIN Arquivo/Universidade iniciou-se em junho de 1996, sendo hoje um dos exemplos positivos de parceria entre duas instituições públicas dedicadas à recuperação da memória da repressão, à preservação dos Direitos Humanos e à prestação de serviços à comunidade. Nesses cinco anos, o PROIN reafirmou seus propósitos de atender aos consulentes do fundo DEOPS e, em especial, de formar historiadores em sua *Oficina de História*. Assim, a *Coleção Inventário DEOPS* pode ser considerada um dos produtos dessa proposta acadêmica que, desde o ano de 2001, encontra-se materializada sob a forma de dissertações e teses, de um inventário dos prontuários policiais, de artigos publicados em periódicos nacionais e internacionais e, finalmente, de um Banco de Dados/Imagens, síntese informatizada dos estudos realizados por nossa monitoria e equipe técnica.

A *Coleção Inventário DEOPS* coloca à disposição dos pesquisadores fragmentos temáticos extraídos desse Banco de Dados/Imagens, concretizado graças ao financiamento da FAPESP que, através de um programa especial, nos proporcionou a instalação de um *Laboratório de Informática* adequado aos objetivos do PROIN. Os temas surgem como uma decorrência natural das palavras-chaves, índices indicativos do conteúdo dos documentos analisados por nossas equipes de pesquisadores. Metodologicamente – e até mesmo com fins didáticos – esses estudos são agrupados em módulos, cujos títulos reproduzem os "rótulos" arquivísticos empregados pelo próprio DEOPS.

Nossa proposta não se faz fechada, não se restringindo apenas a essas questões. Um universo infinito encontra-se à disposição de todos aqueles que querem participar desse processo contínuo de (re)construção histórica. Pretendemos produzir uma coleção que extrapole a dinâmica desse órgão de repressão e que nos possibilite repensar a História do Brasil Contemporâneo sob os mais diferentes ângulos.

Os coordenadores,

Dr. Fausto Couto Sobrinho
Diretor do Arquivo do Estado
Prof^a. Dr^a. Maria Luiza Tucci Carneiro
USP- FFLCH/Depto. de História
Prof. Dr. Boris Kossoy
USP- ECA/Depto. de Jornalismo e Editoração

PREFÁCIO

Nós poderíamos dizer que este texto sobre o perigo político *Na Boca do Sertão* do interior de São Paulo possui vários pontos a serem explorados: sua construção histórica, sua pesquisa, seu estilo, sua pertinência. Mas diríamos que o que ele apresenta de mais importante são as implicações que o material de pesquisa revela acerca da *intolerância* e da *dignidade*.

O levantamento de casos, as informações e os ensinamentos que esses fichários do DEOPS nos revelam através deste trabalho constituem, na verdade, uma espécie de reflexão política repleta de significados de ordem moral. Uma história que traz à tona a condição da miserabilidade e da impotência no interior de uma sociedade vigiada, da intolerância, do desprezo pela sabedoria, da tentativa policial de determinar o que devem e como devem ser todos os indivíduos. Em resumo, traz à tona a condição de menosprezo pela pluralidade, pelo diverso, pelo que se distingue: da adoração pela uniformização.

Parece-me que esses anos brasileiros das décadas de 1930 e 1940 são momentos significativos que exploraram, de forma radical, essa, digamos, sina construída em busca da unicidade e, de fazer com que o Estado – e várias outras instituições que a ele se vinculam – tomasse para si a tarefa de moldar todos os indivíduos de acordo com sua vontade, ou do projeto que uma determinada minoria esclarecida julgou ser o conveniente para extirpar o que ela também escolheu como sendo os cancros sociais de sua época. Sem dúvida, um momento de radicalização totalitária que a documentação levantada por Beatriz Brusantin traz à tona.

Temos aqui a exposição da maneira pela qual o Estado procurou manter seu domínio sobre as pessoas, construindo uma estrutura que encobriu uma rede social e que foi tramada sobre a intolerância e a arrogância, impondo-se continuamente sobre o indivíduo, no qual comportamentos políticos desviantes foram definidos em função da escolha de uma uniformidade política e social.

Trata-se de um momento alicerçado na mítica da violência, construída em torno de uma sociedade que se pretendia una, com um só destino. Se na Inquisição o mote da verdade, por exemplo, foi a fé, no século XX, seria o nacionalismo, através de construções que se utilizam repetidamente de analogias biológicas da visão romântica do corpo como retrato da organicidade social. Pretende-se uma comunidade de sentimento e de destino: concepção orgânica fundamentalmente voltada para a questão da harmonia, portanto, contrária à aceitação de tudo aquilo que girava ou provocava qualquer tipo de "não comportamento", em que manifestações políticas ou manifestações de individualidade contrárias ao estabelecido não podiam ser suportadas, uma vez que eram contrárias à noção do corpo.

Fica evidente, neste estudo de Brusantin, como a exclusão do homem e de seus direitos políticos pretendia a manipulação do silêncio enquanto manifestação da cidadania e da discordância, mas preservavam a manifestação da delação. O enunciado maior desta concepção é a defesa do todo antes da defesa das partes, ou seja, a defesa do Estado antes da defesa do Homem. A mítica da violência pretendia, por isso, a eliminação das formas exteriores ou ostensivas de tensão política. O Estado deveria, então, e pretendeu fazê-lo, administrar todos os negócios humanos, como ator responsável perante Deus e a nação, fazendo crer que possuía a legitimidade inabalável e o direito de constranger acima da lei, objetivando salvar, e ao mesmo tempo, construir uma nova nação. Nesse sentido, o valor supremo da sociedade não era mais o homem, mas a própria nação, à qual os homens deviam seu sacrifício, do corpo e de alma. E foi nesse momento que tudo se tornou típico, uniforme e coletivo, na tentativa de fazer desaparecer as formas de vida íntimas e pessoais: o Estado passou a gerenciar a mentalidade, e a violência serviu para estancar a resistência à mudança, ao mesmo tempo em que procurava, pela força e pela persuasão, convencer a cada homem em particular de sua insignificância perante o Estado e a sociedade. Daí esses tantos prontuários reveladores e apavorantes ao mesmo tempo. Que eles sirvam de lição.

Elizabeth Cancelli
Centro de Pesquisa e Pós-graduação sobre as Américas
(CEPPAC) – UnB

INTRODUÇÃO

Beatriz de Miranda Brusantin[*]

Os prontuários organizados pelas delegacias de polícia do interior do Estado de São Paulo estão longe de nos apresentar uma população apática e despolitizada. Os documentos confiscados e anexados como provas de crime político nos comprovam que frentes de resistência se organizaram em busca de soluções para os problemas brasileiros. Os múltiplos movimentos subversivos podem ser classificados em diferentes categorias e em distintos campos de atuação. Procuramos analisá-los sistematicamente, caracterizando-os de forma a reconstituir os mecanismos de repressão articulados pelo DEOPS enquanto aparelho repressor do Estado. Essas informações reafirmam a importância que este tipo de investigação tem para a memória do Estado de São Paulo, carente de estudos sistemáticos fundamentados em documentação inédita.

Cabe ressaltar que os documentos foram analisados tendo-se em vista o contexto histórico, enquanto expressão da máquina autoritária do Estado varguista, que, em distintos momentos, valeu-se do sentimento nacionalista e xenófobo. Usufruindo da força de certos mitos políticos – como, por exemplo, o mito do complô internacional judaico-comunista e o mito do Salvador –, as autoridades procuravam legitimar a continuidade do controle e do autoritarismo como soluções para os problemas nacionais.

Durante o primeiro governo Vargas (1930-1945), deparamos com a intensa vigilância policial, que, articulada e informada, mapeou o interior paulista em busca de grupos políticos e de indivíduos subversivos que

* Bolsista de Iniciação Científica da FAPESP como graduanda do curso de História da USP de 1999-2001. Atualmente, é mestranda em História Social pela UNICAMP, bolsista pela FAPESP e pesquisadora do Projeto Integrado (PROIN) Arquivo/Universidade.

estariam comprometendo a ordem instituída. A polícia, enquanto personificação do Executivo, exerceu no interior do Estado a função ditada pelo chefe de Estado: de preservação da ordem e destruição de qualquer "desvio" do projeto étnico-político. Os milhares de ofícios, informes e relatórios produzidos pelo DEOPS expressam a eficácia do esquema de segurança articulado por Filinto Müller que, na função de chefe da Polícia Federal, organizou uma verdadeira máquina burocrática com o objetivo de controlar as atividades políticas no interior do país.

Da revolução de 1930 à decretação do Estado Novo em 1937, nos deparamos com uma intensa articulação política por parte dos movimentos de esquerda e de direita instalados na maioria das cidades paulistas. Constatamos a presença marcante da Aliança Nacional Libertadora, da Juventude Comunista, da Ação Integralista Brasileira, do Partido Comunista Brasileiro, do Partido Socialista Brasileiro, de associações culturais e sindicatos operários que agiam na clandestinidade, tramando uma revolução social de acordo com seus princípios ideológicos. Nesse período, mesmo sem uma ditadura estabelecida, a Polícia Política reprimia sistematicamente, tolhendo a liberdade de pensamento em nome da Segurança Nacional.

A partir do início da II Guerra Mundial e, principalmente, após 1942, com a definição do Brasil em prol dos Aliados, a perseguição policial voltou-se contra os "Súditos do Eixo". Italianos, japoneses, alemães, lituanos e espanhóis transformaram-se nos principais focos de vigilância e repressão. A ligação destes grupos com sindicatos ou com qualquer outra associação comunitária nas comunidades locais proporcionava o duplo caráter criminal: pela nacionalidade e pela ideologia.

Os estrangeiros estabelecidos território nacional eram obrigados a portarem salvo-condutos que, registrados nas delegacias locais, lhes garantiam a mobilidade em território nacional. As colônias de estrangeiros que preservavam seus costumes genuínos eram extremamente vigiadas e obrigadas a assimilarem a cultura nacional brasileira sob o risco de serem classificadas como "eixistas" ou como "inimigos da nação".

Os mecanismos de repressão e de vigilância adotados pelo DEOPS em conjunto com as delegacias regionais abortaram muitos movimentos políticos e culturais que agiam em busca de uma vida social mais justa e de uma liberdade cultural independente da nacionalidade. Mas, certamente, a truculenta ação policial não agia sozinha. Em vários momentos contou com a colaboração de uma parcela da sociedade civil que, seduzida pelo discurso oficial, denunciava os suspeitos de subversão. Estes, por sua vez, representavam o lado da resistência, que lutava por dignidade e justiça. A prova deste fato está justamente nas muitas articulações executadas pelos grupos "subversivos" paulistas, possíveis de serem (re)construídas através dos boletins, jornais e folhetos apreendidos pelo DEOPS.

A GEOPOLÍTICA DO CONTROLE

O papel representado pela Polícia Política durante o governo Vargas foi fundamental para a continuidade de Getúlio Vargas no poder durante quinze anos consecutivos. Constatamos que as relações entre ditador e poder policial eram complexas. Na realidade, as insinuações de que Vargas controlava a polícia de uma forma autônoma e paralela à lei são completamente dispensáveis, porque não passavam da mais pura realidade. Como braço executivo do regime, a polícia emerge como órgão presente e indispensável em toda estratégia de ação e de domínio. O tom de denúncia das interpretações historiográficas de que o chefe de polícia tinha um poder exagerado é fato consumado pela documentação da época, testemunho da perplexidade com que os diferentes segmentos da população viam a ação da polícia e do Estado: centralizadores nos atos e totalitários na ideologia.[1]

A polícia, enquanto personificação do Executivo, exerceu no interior do Estado a função ditada pelo chefe de Estado: de preservação da ordem e da destruição de tudo que simbolizasse e expressasse o "desvio" da proposta político-ideológica. Um moderno aparato ideológico e psicológico proporcionava condições psíquicas para a repressão sistemática aos elementos ditos "perigosos", avaliados como se fossem "outros indivíduos", distantes da realidade dos policiais. Como muito bem afirmou Martha Huggins: "a profissionalização apoiada nas novas ideologias sobre o crime, aos criminosos a ao trabalho da polícia, constrói a imagem daqueles que

[1] CANCELLI, 1993, p. 47.

violam as regras como 'estranhos' e merecedores da repressão policial para defesa dos 'bons cidadãos'".[2]

Além de justificar a necessidade de uma polícia hierarquizada para melhor conter os crimes, a profissionalização proporciona também a alienação do próprio policial em relação às comunidades locais, neutralizando sua auto-identificação com os outros de classe e de origem semelhantes. A polícia acabava por se "auto-interpretar" como um "exército de ocupação", conceito endossado pela população que, dessa forma, se sentia protegida dos perigos políticos e sociais, reais ou imaginários. A polícia, sem perder a conexão com o público, torna-se instrumento do Estado.

Através dos ofícios, informes e relatórios policiais, verificamos a eficácia do esquema de segurança articulado por Filinto Müller, que superava as distâncias geográficas através de uma máquina burocrática eficiente estruturada para supervisionar as atividades políticas no interior paulista. No entanto, temos que considerar que, muitas vezes, a máquina de repressão político-social confrontava-se com a falta de infra-estrutura das delegacias regionais paulistas. O delegado de Botucatu, por exemplo, oficiou ao Superintendente de Ordem Política Social as dificuldades que o seu setor enfrentaria diante de uma manifestação política na cidade:

> ...caso exista probabilidade de ser declarada a greve a que se refere a "a parte", ser esta Regional avisada com certa antecedência porque o destacamento local está reduzido a 10 praças apenas, número insuficiente para reprimir qualquer atentado a ordem e propriedade, sendo que nesta cidade trabalham para mais de 600 operários da Sorocabana.[3]

As autoridades tinham consciência de que somente com uma máquina de segurança eficaz poderiam garantir a comunicação entre os órgãos, além de dar assistência estrutural indispensável para isolar as cidades do interior diante de uma possível desordem "subversiva".

A centralização policial implicava uma hierarquia entre as diversas autoridades policiais: o delegado de Ordem Política e Social, o delegado

---

[2] HUGGINS, 1998, p. 11-17.

[3] Ofício do Delegado Regional de Botucatu para o Superintendente de Ordem Política e Social. Delegacia Regional de Botucatu, 23/07/1935. *Pront. 588 - Delegacia Regional de Botucatu.* vol. 1. DEOPS/SP, DAESP.

Regional e o delegado local. Constatamos que essas hierarquias eram respeitadas, sendo os superiores consultados sobre qualquer medida repressiva a ser aplicada. Em setembro de 1944, por exemplo, o delegado de Tatuí questionou o Superintendente de Ordem Política e Social sobre as apreensões de mapas e como estas deveriam ser feitas, considerando-se o tempo de guerra:

> ... devem ser feitas indistintamente em todos os domicílios de elementos do eixo, mesmo que não sejam considerados suspeitos? Deve esta delegacia visitar casa por casa destes elementos para efeito de praticar buscas e conseqüentemente apreensão desses mapas?[4]

Esta mesma postura – de respeito à autoridade – pode ser constatada na solicitação do delegado Regional de Botucatu que, em setembro de 1945, solicitava: "informações se súditos do Eixo italianos podem ter livre trânsito como os estrangeiros das nações amigas, se precisam e se ainda há a necessidade a exigência da expedição de salvo-condutos".[5]

É interessante ressaltar que nem sempre os procedimentos de repressão aprovados pela Polícia Federal eram bem esclarecidos junto aos delegados do interior. Estes não ocultavam suas dúvidas diante de situações inusitadas de vigilância exigidas pelo Estado que, a partir de 1942, teve que gerenciar conflitos decorrentes da II Guerra Mundial. Os delegados municipais careciam de informações detalhadas sobre o controle dos "subversivos" e o próprio "estado de guerra" que, de um dia para o outro, transformaram os italianos, alemães e japoneses em inimigos militares.

Essas incertezas acerca das medidas de repressão por parte das autoridades municipais expressavam, certamente, a agonia política do Estado Novo, que, após 1944, se viu obrigado a rever suas estratégias ditatoriais. Importante ressaltar que, diante dos resultados finais da II Guerra, as ações genocidas e racistas dos regimes totalitários (principalmente os nazi-fascistas) foram julgadas como atos de crime contra a Humanidade. Apesar das críticas mundiais às práticas repressivas

---

[4] Ofício do Delegado de Tatuí para o Superintendente de Segurança Política e Social. Delegacia de Tatuí, 23/09/1944. *Pront. 1609 - Delegacia de Tatuí*. DEOPS/SP, DAESP.

[5] Ofício do Delegado Regional de Botucatu para o Delegado Auxiliar do DOPS. Delegacia Regional de Botucatu. Botucatu, 6/09/1945. *Pront. 588 – Delegacia Regional de Botucatu*. DEOPS/SP, DAESP.

sustentadas pelo III Reich, constatamos a persistência no Brasil de uma metodologia policial de repressão sobre os movimentos subversivos pós-1945.

Em segundo plano, verificamos que, em termos de relações diplomáticas, o governo brasileiro continuou a manter uma postura ideológica contraditória e, muitas vezes, omissa diante de questões que se faziam emergentes, como a de optar por resoluções políticas e sociais que favorecessem a entrada no país de refugiados políticos e deslocados de guerra. Resguardando-se das pressões dos EUA e da Inglaterra, principalmente, o governo brasileiro continuou a sustentar uma política imigratória restritiva aos judeus, interpretados como cidadãos indesejáveis, comunistas e revolucionários por tradição.[6]

Às esferas políticas cabia seguir com atenção os movimentos de Vargas para, a partir daí, se posicionarem no palco de instabilidade política construído com projeção de perpétua estabilidade. Cabia à polícia e à imprensa oficial alimentar esse sentimento de constante instabilidade social. O medo havia se generalizado intensamente através do exemplo concreto da caça aos "inimigos do governo e das nacionalidades indesejáveis" que tramavam contra a Nação. Diante desse quadro, a questão dos estrangeiros manteve-se sempre em pauta, tendo-se em conta o sentimento nacionalista e xenófobo das autoridades policiais que, muitas vezes, estavam sujeitas às inconstâncias governamentais. Um pano de incertezas pairava constantemente no ar, visto que o estrangeiro, ora era bem-vindo como mão de obra especializada, ora indesejável por sua raça, moral e ideologia.

Além da instabilidade social propriamente dita, alimentada pelo terror e pela vigilância policiais, a estratégia do governo incluía um sistema de disputa mútua nas mais altas esferas de poder, delineado por interesses pessoais e por posturas ideológicas divergentes. A cidade de Santa Cruz do Rio Pardo (SP), por exemplo, foi avaliada pelo delegado Regional de Botucatu em 1931 como "um caso especial":

> ...entre as delegacias desta região, porque lhe faltava mão segura na direção dos serviços policiaes com a vossa ida para ahi, estou certo que ella entrará a fazer loco com a harmonia reinante nas demais, porque a indicação do vosso nome foi o producto da confiança que a

[6] CARNEIRO, 2001.

> vossa energia, o vosso destino no cumprimento do dever, inspiraram a esta Regional e aos nossos chefes.[7]

Concluímos, dessa maneira, a existência de uma rede de solidariedade e de informações entre as autoridades policias que acabava fortalecendo o sistema de vigilância proposto pelo Estado, atingindo todo território nacional. Procurava-se fragilizar as lideranças "subversivas" que pudessem, de alguma forma, abalar o sistema de poder centralizado.

Constatamos que, entre 1930-1945, tivemos um período frutífero de transformações no âmbito do controle e da centralização policial. Em 1933, o primeiro antecessor do Gabinete Técnico foi até a Diretoria de Publicidade e Comunicação a fim de tornar a ação policial federalizada. No mesmo ano, Filinto Müller inaugurou o *Press Ofício* que viabilizaria a centralização das informações e o contato diário da Polícia do Distrito Federal com os Estados e territórios. Nesse sentido, a polícia centralizava, em comum acordo com a Diretoria de Publicidade e Comunicação, o serviço de propaganda do Estado. Em 1937, com a decretação do Estado Novo, criou-se o Serviço de Divulgação através do qual foi mantida a distribuição diária de artigos e de comunicados para cerca de 1300 jornais espalhados pelo Brasil. Em 1939, a chefia de Polícia decidiu substituir o trabalho de Propaganda e o Serviço de Divulgação por um órgão ligado ao Gabinete Técnico. Em abril do mesmo ano criou-se o Serviço de Inquéritos Políticos Sociais, que providenciou a aplicação de um inquérito policial exaustivo aos 1574 municípios brasileiros. Esse levantamento permitiu à polícia do Distrito Federal ter a mais completa radiografia do país, a partir de fichas cadastrais de cada município brasileiro, fontes expressivas da geopolítica do controle oficial.

Como exemplo do Serviço de Divulgação aplicado pela polícia no interior paulista, temos um comunicado de 28 de janeiro de 1939, publicado em diversos jornais paulistas. Esse documento, além de destacar a metodologia de combate aos comunistas adotada pela polícia através da imprensa interiorana, ressaltava a importância dos meios de comunicação para a execução do projeto político-ideológico do Estado Nacional. Fica

---

[7] Informe do Delegado Regional de Botucatu para o Delegado de Santa Cruz do Rio Pardo. Delegacia Regional de Botucatu, Botucatu, 7/12/1931. *Pront. 1368 - Delegacia de Santa Cruz do Rio Pardo.* DEOPS/SP, DAESP.

evidente que uma das metas era implantar o medo, a idéia de perigo vermelho e os ideais nacionalistas no inconsciente da sociedade brasileira. O fato do comunismo ser apresentado como "perigo político" afetou o operariado filiado em sindicatos. O trabalho dos ativistas ficou dificultado, visto ser o sindicato um espaço estratégico de divulgação do ideário comunista.

O referido comunicado foi encaminhado aos delegados das cidades de Santos, Campinas, Sorocaba, Itapetininga, Botucatu, Casa Branca, Bauru, Araraquara, Ribeirão Preto, Rio Preto, Presidente Prudente, Penápolis e Guarantinguetá, a fim de ser publicado nos jornais locais. Destacamos que essas cidades eram controladas pelas delegacias regionais, uma vez responsáveis pela segurança nas respectivas áreas. A multiplicação desse comunicado em outras cidades do interior exemplificava como o Estado procurava interferir no cotidiano e no imaginário das massas seduzidas pelo discurso anticomunista. A imagem do comunista emerge como a de um sujeito que "agia às escuras", por "meios ilícitos" e "duvidosos", mascarados de "defensores da democracia". Apelando para a metáfora de "onda moscovita", símbolo do perigo eminente, os promotores desse discurso apresentavam a propaganda comunista como de "completa inutilidade" para o operariado exaltado por suas qualidade de trabalhador ordeiro. "Nociva" e "nefasta" era a ação comunista, daí a emergência de uma profilaxia imediata e enérgica.

A partir de abril de 1939, esse sistema de propaganda e de divulgação policial ficou a cargo do Serviço de Inquéritos Políticos Policiais. Cancelli[8] destacou um questionário policial com 42 itens, entre os quais, havia um histórico do município, descrição física, esboço cartográfico, ruas e estradas, situação financeira e econômica, emigração e imigração, núcleos e colônias estrangeiros, vida associativa, religião e associações religiosas, imprensa, retrospectiva político-policial e partidária, serviço ferroviário e rodoviário, criminalidade, etc. Verificamos nos prontuários das delegacias do interior paulista, extensos relatórios efetuados por investigadores do Gabinete de Investigações que procuravam fornecer um amplo panorama sobre a situação política, social e econômica das cidades, a movimentação dos integralistas e dos comunistas, das colônias de estrangeiros, das imprensas e das associações. Esses relatórios demonstram que tal investigação estendia-

[8] CANCELLI, op. cit., p. 71-74.

Trabalho dos comunistas nos sindicatos

Delegacia de Ordem Politica e Social — S. Paulo

A Delegacia de Ordem Politica e Social, por seu titular respectivo dr. João Carneiro da Fonte, 5.o Delegado Auxiliar, nos comunica o seguinte:

De alguns mêses a esta parte, a Delegacia de Ordem Politica e Social vem notando que os comunistas, modificando radicalmente suas táticas, vem procurando imiscuir-se na vida interna dos Sindicatos trabalhistas de São Paulo, no sentido de conseguirem suas direções, quer por meio de artificios em eleições, quer por outros meios menos licitos.

Tambem é observado que individuos não trabalhadores e não sindicalizados, cujos meios de vida são duvidosos, vêm trabalhando ativamente em alguns meios sindicais, desenvolvendo certas atividades escusas, de franca politica comunista, sob a capa de defensores da democracia.

Felísmente o operariado de São Paulo essencialmente ordeiro, e profundamente conservador como é, rechassou a nefasta propaganda comunista, conservando-se, tradicionalmente, ao lado da ordem.

Meia duzia de sindicatos, porem, inconcientemente, ou habilmente manobrados pelos vermelhos, falsos representantes da democracia, foram arrastados pela onda moscovita e, presentemente, se vêm em dificuldades para supórtar os protestos dos seus sindicalizados, e o menosprezo dos demais Sindicatos, que estão revoltados contra essa tática e propaganda comunista que, como bem sabem, é de completa inutilidade para os trabalhadores.

A Delegacia de Ordem Politica e Social extraíu notas interessantes sobre os trabalhos dos comunistas nos sindicatos, publicadas em o n. 1 do «Boletim Interno Regional» do «Partido Comunista Brasileiro», do mês de outubro de 1938 e, diante das mesmas, portanto, está autorizado a prevenir os Sindicatos para precaverem contra essa nova propaganda e infiltração.

Outrosim, comunica-nos, a mesma autoridade, que a Delegacia de Ordem Politica e Social agirá d'oravante contra esses intromissores comunistas, que estão tentando ludibriar a boa fé dos trabalhadores paulistas e, para tanto, já está tomando as necessarias providencias.

Bebedouro, 28 de janeiro de 1939.

Comunicado do 5º Delegado Auxiliar para o Delegado de Ordem Política e Social. São Paulo, 28/01/1939, fls.15-14. *Pront. 1579 - Associação de Classes e Sindicatos*. vol. 2. DEOPS/SP, DAESP.

se para todas as cidades localizadas na região, garantindo o "controle supervisionado".

A Polícia Política valia-se da imprensa para tranqüilizar a população quanto às táticas de combate ao "perigo vermelho". Em nota oficial publicada no *Diário Paulista*, em 3 de julho de 1935, o delegado de Marília confessava que era seu dever: "tranqüilizar a população avisando que se acha devidamente apparelhada para a manuntenção da ordem pública".[9]

As autoridades policiais, além de se apresentarem como guardiãs da sociedade, também procuravam preservar a sua imagem positiva junto à opinião pública. Sua ação era apresentada como parte do projeto étnico-político de Getúlio Vargas, que pregava a idéia de "perigo social iminente" contra o qual o Estado, a polícia e os cidadãos deveriam agir numa ação conjunta.

Além da imagem de eficácia, a ação policial precisava garantir a legitimação da imagem de um governo "salvacionista", "humanitário" e dedicado ao bem-estar da nação. Longe de ser colocada como injusta, negligente ou autoritária, a polícia procurava se apoiar na imagem da Lei e da Justiça. Ainda mais quando sua atuação se fazia frente a uma cidade do interior paulista, no início dos anos 30. Em Marília, por exemplo, núcleo urbano com um número pequeno de habitantes, os boatos corriam facilmente e se espalhavam formando opiniões. Zelar pela imagem policial, nesses casos, era crucial para aqueles que tinham como meta conter a revolta populacional e, principalmente, aquelas apoiadas pelo núcleo da ANL.

Em 5 de julho de 1935, um artigo intitulado "Comício da Alliança Libertadora" foi publicado no *Diário Paulista de Marília*. O despacho transcrito do MM Juiz de Direito da Comarca justificava, plenamente, sob as égides da prevenção (e, reparemos bem, não só da repressão), a conduta exemplar da polícia local. Apoiando-se, sobretudo, no direito à liberdade do cidadão, o artigo enfatizava que a liberdade de pensamento deveria ser:

> ... conciliada com a função policial de prevenção, principalmente tendo a autoridade informações de provável perturbação da ordem. O facto do Dr. Delegado de Polícia desta cidade não permitir a realização da passeata pretendida pela ANL, não constituem, uma arbitrariedade, uma ilegalidade, violação da constituição, ou abuso

[9] Nota Oficial. In: *Diário de Marília*. Marília, 3/07/1935, nº 100, ano 1, p. 1. *Pront. 5268 - Aliança Nacional Libertadora de Marília*. DEOPS/SP, DAESP.

da autoridade, ao inverso, constituem uma ação legítima de prevenção, próprias às funções não só repressivas como preventivas de polícia.[10]

A ênfase dada à *prevenção* cabe perfeitamente na articulação policial que, mesmo antes do ato declarado da ditadura Vargas, precisava agir paralelamente à democracia. Isto, no entanto, só poderia acontecer nos bastidores do Poder. A polícia pretendia, sobretudo, justificar a violência e o estado de terror a que a sociedade estava submetida e apostar no símbolo da prevenção como a melhor forma de escamotear o esquema polícia-judiciário montado por Getúlio Vargas alguns anos antes. O artigo acima não só constrói um quadro de ação legal da polícia como também coloca o peso da atitude autoritária e terrorista da polícia e do Estado sobre as costas do poder jurídico, que, enquanto, representante da lei, às vistas da população, seria o principal executor do ato.

A imprensa tinha um papel decisivo no sentido de divulgar e convencer a população interiorana de que a polícia estava agindo corretamente, em nome da ordem e do bem de todos. Além do mais, contribuía para alimentar o imaginário coletivo acerca do inimigo objetivo: os aliancistas e os comunistas. Ao mesmo tempo que os artigos e as notas oficiais procuravam passar a idéia de tranqüilidade e de segurança, eles colaboravam para "diabolizar" a imagem da ANL enquanto "força do mal", do "fora-da-lei" e de dentro do "mundo subversivo". Através da imprensa, por exemplo, a polícia de Marília encobria seus atos ilegais, atribuindo as responsabilidades à Justiça e justificando-os às custas da prevenção e combate ao "gérmen do mal". O berço para o decreto de 11 de julho de 1935, que colocou a ANL na ilegalidade, já estava sendo preparado nas cidades do interior, interpretadas como campo fértil para a ação dos "revolucionários".

A geopolítica do controle policial visava construir uma teia de informações sobre as cidades, seus movimentos político-sociais e o perfil dos seus cidadãos. Ao vigiar o espaço físico e reprimir as idéias sediciosas, a polícia paulista demonstrava acreditar na potencialidade sediciosa de certas cidades do interior, principalmente daquelas que estavam na rota dos sistemas ferroviário e/ou rodoviário.

---

[10] Comício da Alliança Libertadora. Despacho do M.M. Juiz de Decreto. In: *Diário Paulista*. Marília, 5/07/1935, nº 612, p. 1. *Pront. 5268 – Aliança Nacional Libertadora de Marília*. DEOPS/SP, DAESP.

Agindo em conjunto com as regionais, a polícia estadual garantia a geopolítica do controle insistindo na necessidade de coesão territorial nacional coordenada por um poder central fortificado. Vale ressaltar que a própria criação do IBGE, em 1938, teve destaque junto à máquina administrativa em dois sentidos: enquanto órgão destinado a promover a regularização e racionalização do quadro territorial brasileiro; e também, no sentido de estabelecer estratégias governamentais para o território, com vistas à coesão nacional.

Esta preocupação – a do controle regional – estava fortemente presente na ação do DEOPS atento às cidades interioranas que, economicamente, funcionavam como núcleos de referência para os demais centros urbanos. Este era o caso da cidade de Barretos que, localizada na Zona Paulista, era vista como *Boca do Sertão:*

> Entreposto de gado, alpendre do Triângulo Mineiro, sudoeste Goiano e parte de Minas Gerais, que pode ser considerado seu fundo de quintal próximo ao Rio Grande , distante do mesmo 50 quilômetros, por via física da Cia Paulista, a Estação e povoação de Colombia e por via rodoviária estadual (...). Como se depreende das vias de comunicações citados, a vida de Barretos se faz intimamente com o Triângulo Mineiro e Goiaz.[11]

Conhecimento, *vigilância* e *ação* funcionavam como uma *ação combinada* destinada a conter todo e qualquer movimento político que pudesse desestabilizar o regime. Dessa forma, não só as informações de cunho político eram valorizadas, como também as econômicas, sociais e geográficas. Considerações relevantes (localização geográfica, vizinhança, linhas de comunicação e de transporte) nos oferecem múltiplas hipóteses de análises sobre a prática repressiva policial. Registrar a posição geográfica e política de uma cidade no espaço nacional era uma forma de supervisionar a circulação dos "subversivos" que, da capital para o interior, procuravam "fazer a revolução". Diante de qualquer ação sediciosa, os caminhos indicativos dos suspeitos já estariam esquematizados e o crime identificado.

---

[11] Informe de Francisco de Campos, delegado regional, para Manuel Ribeiro da Cruz, delegado auxiliar da 5ª divisão policial. São Paulo, (cópia) 5/05/1952. *Pront. 115349 - Alípio Geraldo Jesus*. DEOPS/SP, DAESP.

As cidades vizinhas, possivelmente, seriam acionadas e as estradas de ferro e rodovias vigiadas. Cabia à polícia cercar os cidadãos através do mapeamento sistemático dos possíveis *espaços de ação e de fuga*.

A estratégia de controle policial durante a II Guerra Mundial se fez, sobretudo, sobre os nipônicos, generalizados como "Súditos do Eixo". Foi através do mapeamento das colônias de japoneses que as autoridades procuravam visualizar a dimensão do "perigo amarelo", duplamente identificado como perigo étnico e militar. Desse modo a polícia controlava o *espaço* e, ao mesmo tempo, o cidadão nele localizado. Interessante ressaltar que tais mapas foram elaborados com a ajuda de japoneses "colaboracionistas" (informantes), os únicos em condição de localizar com precisão cada uma de suas colônias.

Ao confirmar as teias de relações de uma cidade com a outra, a polícia "armava-se" contra a circulação de idéias "subversivas", garantindo a ordem imposta. Pontuar tais características fazia parte da postura da polícia positivista que, essencialmente, trabalhava com base em um rígido determinismo: acreditava-se que os homens, cunhados de uma determinada maneira pela biologia e seu meio social, eram impulsionados a certas ações. Desse modo, para identificar os espaços sociais em que os indivíduos suspeitos estavam inseridos, era preciso construir um eficaz *suporte de controle* sobre a vida particular de cada cidadão de forma a neutralizar a influência do meio.

Sob o prisma da Escola Positiva, a polícia agia sobre o indivíduo e não sobre o crime propriamente dito. A ação policial deixava de se expressar nas *conseqüências da ação do crime*, dirigindo-se diretamente para *o sujeito do crime*. Não eram mais as manifestações criminosas de um sujeito que incomodavam a sociedade, e sim o próprio sujeito enquanto mentor de idéias e atos sediciosos. Construía-se em cada cidade paulista a imagem do "inimigo objetivo" a ser combatido.

Na maioria dos casos paulistas constou sempre uma ligação entre *indivíduo-PCB*, ou *indivíduo-ANL-PCB*, ou ainda, *indivíduo-sindicato*. A repressão recaía sobre o *sujeito do crime* incriminado por suas possíveis atividades políticas. Podemos afirmar que, como toda prática autoritária ou totalitária, condenava-se por antecipação. O fato de um indivíduo pertencer a uma associação, sindicato ou partido, contribuía para confirmar o ato criminoso. O germe do mal era comumente atribuído aos comunistas, estrangeiros ou judeus, cuja participação em alguma

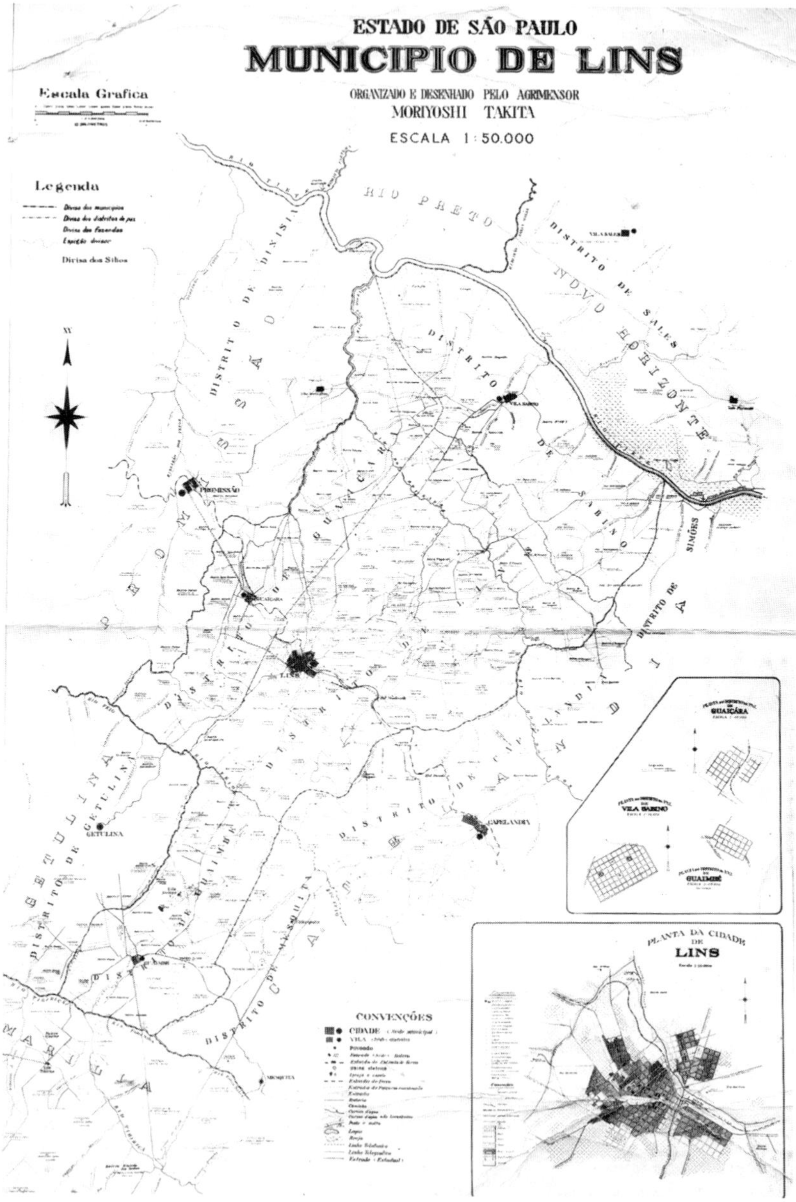

Mapa do Município de Lins (SP)– Anexo nº 11. *Pront. 8342 - Niponismo.* vol. 1. DEOPS/SP, DAESP.

organização subversiva transformava-se em ponto crucial para sua sentença criminal.[12]

Ao avaliarmos os relatórios policiais sobre o criminoso político, verificamos que reconstituir o passado histórico das atividades políticas dos cidadãos era rotina essencial para se traçar o perfil de cidadão perigoso. Essa constatação, por exemplo, encontra-se registrada no relatório policial de 23 de janeiro de 1936, no qual o delegado da cidade de Barretos traçou comentários sobre comunistas que estavam agindo na cidade. Estes, entre os quais João Kepenis, eram: "elementos comunistas, organisadores da celula comunista no frigorífico Anglo, em Barretos, pertencente a uma família de comunistas, com ligações com Alliancistas, a serviço dos quais se puzeram".[13]

Neste fragmento visualizamos que a ação policial se fazia centrada sobre os propagadores do comunismo, ideologia símbolo da malignidade, da desordem e da subversão. O perfil do suspeito era construído com base na suas relações familiares ou de amizade, na sua ligação com alguma organização política ilegal, como a ANL. Verificamos, também, que a mentalidade positivista da polícia emergia através dos seus pareceres "científicos" que, fundamentados em lógica própria, serviam para explicar uma ação política criminosa.

O grau de periculosidade do comunista aumentava na medida que este era apresentado como membro de uma *"família de comunistas"*. Era como se o "mal vermelho" se proliferasse de forma orgânica ou genética, contaminando um dos elementos símbolos da moral católica: *a família*. Fragilizada, esta seria permeada por idéias exógenas, prestando-se como berço do comunismo e garantindo a proliferação do caos e da desordem.

A polícia não apenas definia o criminoso a partir de suas ligações com organizações "subversivas" como também procurava reconstituir seu passado histórico. Isso aconteceu, por exemplo, com o cidadão Laurentino Marques, morador de Sorocaba. Buscando informações que permitissem comprovar a trajetória subversiva de Laurentino, a polícia recuperou, em 1934, dados sobre a criação do Sindicato da Light pelo PCB. O fato do

[12] Ver WIAZOVSKI, 2001.

[13] Relatório do Delegado de Barretos para o Delegado de Ordem Política e Social. Delegacia de Barretos. Barretos, 23/01/1936. *Pront. 1646 - João Kepenis*. DEOPS/SP, DAESP.

nome de Laurentino Arruda ter sido lembrado pelo PCB sem ser aprovado durante a eleição da nova Diretoria contou como "registro negativo".[14]

A polícia procurava prevenir-se contra as estratégias dos comunistas que, infiltrados nas organizações sindicais, mantinham certos indivíduos "na reserva" como aconteceu com Laurentino Marques. Cabia à polícia saber como o PCB agiria em certas circunstâncias e, principalmente, diante daqueles que estavam à frente das lideranças sindicais. No caso de Laurentino, a conclusão parece ser óbvia: a polícia o mantinha sob vigilância mesmo antes dele se enquadrar, efetivamente, como um *agente do sindicato*, condição incriminadora se constatada a ligação com algum segmento ou membro efetivo do PCB.

Outros alvos do olhar policial no interior paulista foram os partidos políticos e seus candidatos às eleições de 1936, 1947 e 1951. A vigilância persistiu mesmo após o término do Estado Novo, contradizendo o discurso da redemocratização propagado pelos políticos no poder. Verificamos que o controle político-partidário se deu em dois momentos distintos: antes das eleições em 1936 e após 1938, com a declaração dos resultados. O delegado da cidade de Mogi das Cruzes (SP) não titubeou, em fevereiro de 1938, para listar os seus suspeitos em potencial:

> Cumprindo o que determina a circular reservada n° 1, dessa Superintendência, passo as mãos de V.S., juntamente com este uma relação dos políticos mais em evidência que fizeram parte dos extintos Partidos Republicanos Paulista e Constitucionalista e dissidência do primeiro, integralistas ativos e comunistas suspeitos.[15]

As relações continham os nomes dos eventuais suspeitos, deixando-os em condições de plena vigilância e controle. Os relatórios centravam-se em listar nomes de componentes dos diretórios dos partidos e o número de eleitores correspondentes a cada chapa. Dessa forma, a polícia obtinha o perfil político das cidades além de ter em mãos os nomes dos possíveis

---

[14] Informe sobre Laurentino Marques do Delegado de Ordem Política e Social. Delegacia de Ordem Política e Social, São Paulo, 17/04/1936. *Pront. 873 - Laurentino Marques.* DEOPS/SP, DAESP.

[15] Relatório de João de Almeida Moraes, delegado de Mogi das Cruzes para o Superintendente de Ordem Política e Social. Mogi das Cruzes, 22/02/1938. *Pront. 842 - Delegacia de Mogi das Cruzes.* DEOPS/SP, DAESP.

líderes políticos. Este controle deve ser interpretado como produto (práxis) do discurso da autoridade que responsabilizava, por antecipação, o suspeito pela "perturbação da ordem social e política". Em última análise, a vigilância sistemática tinha como objetivo controlar a circulação das idéias políticas pelo interior paulistano, registrando os "cabeças" de possíveis motins sediciosos.

MEDO VERMELHO, ORDEM BRANCA AS ATIVIDADES POLÍTICAS DA ESQUERDA PAULISTA

Dentre os inimigos objetivos "construídos" pelo Estado Republicano brasileiro, os comunistas foram os que mais instigaram a ação policial, justificando sua existência enquanto órgão repressor e censor. Durante o governo Vargas (1930-1945) fortaleceu-se, ao nível do imaginário político, a associação mítica coletiva de que a ideologia comunista era "obra do demônio". O comunista tornou-se o alvo constante, embora não o único, da investida policial dedicada a combater as doutrinas ditas "exóticas". Seus militantes e simpatizantes seriam igualmente priorizados como inimigos do Estado em potencial, fenômeno comum em outras nações como Estados Unidos, Argentina, Portugal, Alemanha, Espanha e Itália, dentre outras.

Recaiu sobre os comunistas a parte mais apurada da repressão ao longo de todo o século XX. Primeiro, porque eles representavam uma ideologia de esquerda que questionava fundamentalmente as premissas do capitalismo e das lideranças que se diziam representantes da burguesia e da 'nova ideologia'; segundo, porque eram combatidos nas ruas pelos integralistas e respondiam às provocações, utilizando-se de métodos similares; terceiro, porque realmente tentavam se organizar internacionalmente e transformar o mundo de acordo com suas concepções políticas; e quarto, porque de fato ensaiaram (ingenuamente) tomar o poder em 1935.

Essas condições facilitaram não só a proliferação de um discurso anticomunista consistente, como também fizeram com que grande parte da população se tornasse francamente favorável e receptiva a qualquer manifestação que os apresentasse como "inimigos objetivos":

> Os comunistas representavam o inimigo a combater, a fim de servirem como argumento capaz de justificar a coesão em função da presença de um agente nocivo. Ao mesmo tempo em que deveriam ser mantidos pelo governo para sustentar o mito da conspiração, sua eliminação também era necessária. Ao negarem a cooperação social apregoada pelo imaginário totalitário, os comunistas impediam a imagem de uma sociedade orgânica e harmoniosa.[16]

No interior paulista, a repressão policial sobre as manifestações comunistas ocorreu mais intensamente entre 1935 a 1937 – ou seja, entre a tentativa do golpe comunista e o Estado Novo – além de significativas investidas em 1945, 1946 e 1947. Durante o ano de 1943, quando o Brasil entrou na II Guerra Mundial ao lado dos Aliados, observamos que a atenção policial desviou-se em direção aos estrangeiros considerados "Súditos do Eixo".

A ação comunista paulista efetuou-se, sobretudo, através de movimentos grevistas dos operários atuantes nos sindicatos e nos comícios públicos. O caráter das reivindicações trabalhistas – que eram por 8 horas de trabalho, férias e aumento de salários – expressa a crise política, social e econômica vivenciada pelas cidades do interior paulista no início dos anos 30. O conteúdo dos prontuários do DEOPS nos revela o perfil de operários ativistas, de partidários da resistência ao sistema político autoritário e da crítica ao sistema socioeconômico sustentado pelo governo Vargas. São provas do descontentamento e da ação popular contra Getúlio Vargas, que ficou registrado na memória coletiva como "pai dos pobres e dos trabalhadores". Vale ressaltar que, diferentemente de como mostra a historiografia, uma série de greves ocorreram entre 1931-1937 nas cidades do interior paulista, expressando o descontentamento das massas.

A maioria desses movimentos era apoiada por sindicatos locais e articulados, muitas vezes, entre si. Por exemplo, em Piracicaba,[17] o Sindicato dos Padeiros recebia apoio dos Sindicatos Operários da Cia. Paulista e da Usina de Açúcar. Certamente, em uma greve de ambos os lados, a ação ocorreria conjuntamente. Muitas vezes, o apoio vinha de alguma associação comunitária como ocorreu na cidade de Itapira[18]

[16] CANCELLI, op. cit., p. 82.

[17] *Pront. 551 - Delegacia de Piracicaba.* DEOPS/SP, DAESP.

[18] *Pront. 1064 - Delegacia de Itapira.* DEOPS/SP, DAESP.

Greves no interior do Estado de São Paulo

DATA	LOCAL	ARTICULISTAS
1931	Bebedouro	Ferroviários da E.F.SP Railway
1931	Mococa	Operários das Oficinas J. Nicola e Irmãos Gardage
1931	Presidente Prudente	Colonos
1931	Barretos	Operários da S.A. Frigorífico Anglo
1931	Jundiaí	Operários e Chaffeurs
1932	São Roque	Operários da Brazital
1932	Salto de Itu	Operários da Brazital
1933	Jundiaí	Operários da Cia Mecânica e Importadora de São Paulo
1934	Piracicaba	Operários do Engenho Central
1934	Campinas	Padeiros
1934	São José dos Campos	Operários da Fábrica Tecelagem Parahyba
1934	Porto Ferreira	Operários da Fábrica de Louças Cerâmica Porto Ferreira Ltda
1934	Bauru	Ferroviários da E.F. Noroeste
1934	Bauru	condutores de autos e caminhões e comerciantes de gasolina
1934	Assis	Ferroviários da E.F. Sorocabana
1934	Itapira	Operários da Fábrica Sarkis
1934	Jundiaí	Ferroviários da Cia Paulista
1934	Jundiaí	Operários da Cerâmica Jundiaí
1935	Campinas	Operários da Fábrica de Sedas Internacional
1935	Botucatu	Ferroviários da E.F.Sorocabana
1935	Itapetininga	Operários da Indústria Reunidas Francisco Matarazzo
1935	Batatais	Operários das Fábricas de Tecidos
1936	Botucatu	Operários da Fábrica Votorantim
1936	Bauru	Operários da Fábrica de Móveis de Leão Bichuski
1936	Jundiaí	Operárias da Fábrica de Tecelagem e Fiação Fedes de Jundiaí e da Fábrica de tecidos São Bento
1937	Paraguaçu Paulista	Ferroviários da E.F. Sorocabana
1937	São Roque	Operários da Brazital
1937	Laranjal Paulista	Operários da Fábrica Votorantin
1937	Barretos	Colonos e Operários da Fazenda Barracão de Frigorífico Wilson do Brasil
1937	Lorena	Fornecedores de leite
1938	Taubaté	Operários da Fábrica de Juta de Taubaté
1945	Guaratinguetá	Operários da Fábrica de Papel Nossa Senhora Aparecida
1945	Garça	Operários da Fiação de Seda da Cooperativa Agrícola- Garça-Vera Cruz Ltda.

durante a greve dos operários da Fábrica Sarkis, em 1934. Durante a paralisação os manifestantes se reuniam na *Sociedade Beneficiente Operária*, onde, segundo a polícia, eram produzidos folhetos e boletins. Na cidade de Campinas,[19] a greve dos padeiros, em 1934, recebeu apoio do Socorro Vermelho e, na mesma época, a polícia constatou que o Sindicato dos Empregados de Padarias apoiava a propaganda do Partido Comunista. Importante ressaltar que o Partido Comunista Brasileiro (PCB), assim como a Aliança Nacional Libertadora (ANL) e o Socorro Vermelho, era representante da classe operária. Havia uma íntima relação entre as manifestações das ideologias de esquerda com as manifestações de insatisfação da classe trabalhadora. A própria polícia, referindo-se ao movimento ferroviário de São Carlos (SP), afirmava: "como em todo o Estado, confunde-se syndicato com 'alliança' [Aliança Nacional Libertadora] e com as demais organizações da esquerda".[20]

O Partido Socialista Brasileiro (PSB), principalmente entre 1932 e 1933, também manteve ligações com outros movimentos políticos de esquerda no interior paulista. Constatamos, por exemplo, que na cidade de São Carlos (SP) havia uma ligação muito próxima entre o Partido Socialista e o Sindicato dos Operários da Cia. Paulista. A própria polícia relatou que os elementos mais ativos no sindicato da Cia. Paulista eram ligados ao Partido Socialista: "blasonam publicamente gosarem de grande prestígio junto ao actual governo de São Paulo e portanto terem em suas mãos não só o syndicato, como também toda a política local".[21]

Em abril de 1933, segundo Edgar Carone,[22] o PSB de São Paulo era chefiado pelo general Waldomiro Castilho de Lima, que possuía forças governamentais a ponto de conseguir reunir o segundo lugar na quantidade de votos nas eleições para a escolha de deputados à Assembléia Nacional Constituinte em São Paulo. Diante dessa conjuntura política, os filiados e simpatizantes do PSB, nessa época, certamente, podiam gozar de grande prestígio e de uma boa posição política, com determinadas facções partidárias que representassem a política local do interior do Estado de

---

[19] *Pront. 549 - Delegacia Regional de Campinas.* vol. 1. DEOPS/SP, DAESP.

[20] Informe de Rubens, investigador, para o Delegado de Ordem Política e Social. São Paulo, 28/05/1935. *Pront. 1579 – Associação de Classes e Sindicatos.* DEOPS/SP, DAESP.

[21] Relatório de Investigação de J. Braga Pereira, inspetor, para o Delegado de Ordem Política e Social. São Paulo, 10/04/1933. *Pront. 887 - José Maurano.* DEOPS/SP, DAESP.

[22] CARONE, 1991, p. 98-102.

São Paulo. O que, portanto, justifica o discurso policial referindo-se ao PSB e suas ligações com os Sindicatos e a política local.

Para a Polícia Política, a interferência mais acentuada no interior do Estado de São Paulo se fazia por parte dos legionários e dos socialistas. Na capital, por sua vez, as organizações comunistas-stalinistas e comunistas-trotskistas é que eram tidas como de maior influência sobre o movimento sindical, ao lado dos anarquistas, legionários e socialistas.[23] Segundo Zélia Lopes da Silva,[24] entre 1930 e 1934, houve uma certa divisão entre os movimentos sindicais. Os anarco-sindicalistas eram contra os comunistas, pois os acusavam de terem criado a Federação Sindical Regional (1931) com o objetivo de se aproveitarem das massas para conquistar representação na sociedade burguesa. Os trotskistas eram contra os anarco-sindicalistas, pois achavam que estes atendiam apenas aos interesses econômicos e morais do proletariado. Eram também contra os comunistas, pois os acusavam de não revolucionários e de serem apenas defensores do trabalho no plano econômico. Essas divergências impediam a formação de uma campanha unificada. Até a criação da Lei de Sindicalização, proibindo a autonomia sindical, essas divergências ideológicas interferiram na investigação policial que procurava visualizar e controlar a movimentação da esquerda brasileira no território nacional.

Para melhor identificar, vigiar e controlar os sindicatos que atuavam nas cidades do interior – enquanto base operária de reivindicação e protesto – a polícia procurou dividi-los em categorias de trabalho. Através do controle eficaz e sistemático dos *espaços de trabalho*, buscava-se evitar que estes se tornassem "espaços da subversão". Daí a constante preocupação em se registrar o local, a cidade, o campo ou a indústria onde ocorria maior movimentação operária, conseqüentemente comunista. Importava também registrar o caráter do sindicato, considerando-se as relações entre empregados e/ou empregadores. Percebemos a eleição de critérios seletivos com vistas a identificar os segmentos sociais suspeitos, sendo os sindicatos candidatos em potencial.

Entre os sindicatos paulistas, os mais ativos e bem articulados eram os sindicatos dos ferroviários, principalmente, o da Cia. Paulista, o da

---

[23] Relatório dos Sindicatos de Empregados em São Paulo. São Paulo, 12/09/1934, fls. 77-85. *Pront. 1579 - Associação de classes e sindicatos*. vol. 1. DEOPS/SP, DAESP.

[24] SILVA, 1990, p. 71.

Noroeste do Brasil, o da Sorocabana e o da Mogiana. Respectivamente, as principais cidades paulistas envolvidas com as organizações sindicais ferroviárias eram: São Carlos, Araraquara, Piracicaba, Barretos-Bauru, Araçatuba, Lins, Bebedouro-Sorocaba, Itapetininga, São Roque-Mogi Mirim e Ribeirão Preto.

Temos evidências, desde 1933, das atividades políticas do Sindicato da Cia. Paulista, sediado na cidade de São Carlos. Os principais atuantes eram: Nuncio Soares da Silva (presidente),[25] João Soares Pinheiros (diretoria),[26] Domingos Teixeira Pinto (tesoureiro),[27] José Maurano (representante do sindicato na cidade de Bebedouro).[28] Estes eram brasileiros, funcionários da Cia. Paulista e residentes em São Carlos. Nuncio Soares era considerado pela polícia como o *grande líder* do movimento sindical da Cia. Paulista e acabou, em 1935, sendo despedido por atividades "subversivas". Domingos Teixeira foi considerado *agitador do movimento* e principal *elemento de ligação* entre o PSB e o movimento sindical. A dupla João Soares e José Maurano revelou-se como ativista junto ao movimento ferroviário paulista. Soares, em 1933, fazia parte da Comissão de Reivindicação da Lei de Pensões e o Regulamento do Trabalho Ferroviário, formada por Jurandyr Bueno (Noroeste), João Soares (Cia. Paulista) e José Antunes de Oliveira (SPR). José Maurano atuava na cidade de Bebedouro (SP) como informante e representante do movimento sindical da Cia. Paulista. Para a polícia, apontar e reprimir estes cidadãos como "cabeças" e "líderes" dos movimentos populares significava obstruir as atividades "subversivas" e a luta política operária. A própria investida de retirá-los do meio de trabalho através da "dispensa" trabalhista nos revela a extensão da ação policial, que extrapolava suas funções interferindo junto ao empregador.

Em 1935, a ação política na Zona Paulista teve, sobretudo, o apoio da ANL. Segundo a polícia, os ativistas dos sindicatos ferroviários da cidade de Campinas (SP): "organisaram os 'Comitês pró- ANL' e grupos ou 'brigadas' que tomaram a frente de qualquer movimento (...) estão

[25] *Pront. 2345 - Nuncio Soares da Silva.* DEOPS/SP, DAESP.
[26] *Pront. 2347 - João Soares Pinheiros.* DEOPS/SP, DAESP.
[27] *Pront. 2346 - Domingos Teixeira Pinto.* DEOPS/SP, DAESP.
[28] *Pront. 887 - José Maurano.* DEOPS/SP, DAESP.

preparados, aguardando ordens dos dirigentes políticos-syndicais, para entrarem em acção".[29]

A polícia evidenciava que as ações reivindicatórias operárias, aliadas ao comunismo brasileiro representado pela ANL, se organizavam como guerrilhas em forma de "brigadas", prontas para obedecerem e atacarem sob as ordens de um líder político sindical. Para polícia, o movimento sindical ferroviário na Zona Paulista se configurava como "grupos de combate" sob as ordens do "mal vermelho". Antes mesmo da derrocada do movimento revolucionário que iria eclodir em novembro do mesmo ano, articulava-se a imagem da "Intentona Comunista".

A fim de acabar com qualquer tipo de manifestação política, a polícia da região paulista investiu contra os ferroviários e outros tantos profissionais e grupos políticos. Em Piracicaba (SP), por exemplo, chamavam a atenção: João Chiarini (funcionário da Secretaria da Cultura), Mário Passini (carpinteiro), Nelson de Oliveira (eletricista), Luiz Trevisan (tecelão) e Roque Trevisan (tecelão). Além destes, outros representantes de ordens sociais distintas, ligados por idéias políticas comuns, tiveram sua liberdade restringida pelas leis de vigilância imposta pelo governo Vargas.

Segundo um relatório do delegado de Piracicaba, a "pacatez" daquela cidade havia sido rompida pelos "cultores do credo vermelho". A imagem dos ativistas foi construída a partir das descrições de seus atos avaliados como "impopulares", típicos do vandalismo e da covardia política. O temor às chacinas praticadas por estes homens "inescrupulosos" (os comunistas) se prestava para legitimar a perseguição e as prisões.

De acordo com a autoridade local, a população, descrita como culta, clamava pelo cumprimento do dever policial, pois :

> Quando o temor do comunismo estava prestes a superar com as quarteladas e chacinas verificadas em Norte do Paiz e na capital da República, também a pacatez de Piracicaba foi perturbada pelos cultores do credo vermelho, que, a guiza de propaganda, se empenhavam, arrastando protestos e indignação geral da culta população piracicabana, em rabiscar muros e paredes, alli garatujando symbolos communistas. (...) Esta delegacia, no entanto, no

[29] Informe de Rubens, investigador, para o Delegado de Ordem Política e Social. São Paulo, 28/05/1935. *Pront. 1579 - Associação de Classes e Sindicatos.* vol. 1. DEOPS/SP, DAESP.

Relação dos sindicatos oficialmente reconhecidos no Estado de São Paulo, 1/03/1935

CATEGORIAS	GRUPOS	IDENTIFICAÇÃO
1º Categoria (lavoura e pecuária)	*Empregadores*	*Sindicato Agrícola de Bananal*
		Sindicato dos Agricultores de Casa Branca
		Sindicato Agro Pecuário de Piracicaba
		Sindicato dos Cafeicultores de Descalvado
		Sindicato dos Agricultores de Descalvado
		Sindicato dos Citricultores de Araras
		Sindicato dos Fazendeiros de Araras
		Sindicato Jaboticabense de Café
		Sindicato dos Lavradores de Campinas
		Sindicato dos Proprietários de Lavouras de Café de Franca
		Sindicato Dural de Algodão de Sertãozinho
		Sindicato dos Vinicultores do Bairro do Engordador de Jundiahy
	Empregados	*Sindicato dos Administradores de Leme*
		Sindicato dos Administradores de Porto Ferreira
2ª Categoria (Indústrias)	*Empregados*	*Sindicato dos Operários em Construção Civil de Barretos*
		Sindicato dos Operários em Construção Civil de Franca
		Sindicato dos Operários em Cortumes de Campinas
		Sindicato dos Operários em Fábricas de Açúcar de Piracicaba
		Sindicato dos Operários em Fiação e Tecelagem de Guaratinguetá
		Sindicato dos Operários em Fiação e Tecelagem de Jundiahy
		Sindicato dos Operários em Fiação e Tecelagem de Piracicaba
		Sindicato dos Operários em Fiação e Tecelagem de São Roque
		Sindicato dos Operários em Fiação e Tecelagem de Taubaté
		Sindicato dos Operários em Frigoríficos de Barretos
		Sindicato dos Operários Metalúrgicos de Campinas
		Sindicato dos Operários Metalúrgicos de Jaboticabal
		Sindicato dos Operários Metalúrgicos de Mococa
		Sindicato dos Operários Panificadores de Campinas
		Sindicato dos Operários Panificadores de Piracicaba
		Sindicato dos Pedreiros de Campinas
		Sindicato dos Operários Tecelões de Sorocaba
		Sindicato dos Pintores em Construção Civil de Campinas
3ª Categoria (Comércio e Transporte)	*Empregadores*	*Sindicato dos Invernistas Comerciantes de Gado de Barretos*
	Empregados	*Sindicato dos Bancários de Campinas*
		Sindicato dos Empregados no Comércio de Rio Preto
		Sindicato dos Empregados e Operários da E. F. Noroeste do Brasil de Bauru
		Sindicato dos Ferroviários de São Carlos
		Sindicato dos Ferroviários da Cia Mogyana de Campinas
		Sindicato dos Ferroviários de E. F. Sul de Minas de Cruzeiro
		Sindicato dos Ferroviários da SP-Goyaz de Bebedouro
		Sindicato dos Operários em Tração, Força e Luz de Campinas
		Sindicato Profissional dos Engenheiros Civis e Ferroviários da Cidade de Jundiaí

Fonte: *Pront. 1579 - Associações de Classes e Sindicatos.* vol. 1. DEOPS/SP, DAESP.

escrupuloso cumprimento de seus deveres (...) conseguindo apoiada pelo clamor geral e pela opinião de toda a cidade, deitar mão em um pequeno grupo de indivíduos, apontados como communistas.[30]

A partir deste documento, percebe-se a repercussão negativa da rebelião comunista de 1935 nas atitudes dos cidadãos ativistas de Piracicaba. Para a Polícia Política, após a violenta repressão aos revoltos da Intentona Comunista, parecia inacreditável a continuação do movimento. No entanto, a resistência "vermelha" manifesta em diversas categorias sociais, após 1935, revelou a persistência dos ativistas. A repressão aumentou, fundamentada na Lei de Segurança Nacional, promulgada com o intuito de conter essa "onda ideológica" contrária ao governo varguista. A polícia e o Estado investiram no fracasso do movimento de esquerda do Brasil, valendo-se de um articulado discurso anticomunista que se prestava a alimentar o mito da conspiração comunista internacional. Mas as evidências atestam que uma parcela da população não recuou. Os movimentos continuaram e, talvez, ainda mais fortalecidos e experientes, apesar do "massacre oficial" de novembro de 1935.

A versão da autoridade policial de Piracicaba era de que a culta população da cidade estava indignada com a ação dos "subversivos". O perfil dos presos – "construído" com base na teoria da malignidade – garantia à Polícia Política a imagem de instituição salvacionista, ainda que repressora. Os seguidores do "credo vermelho" – "seita política" indesejável – eram descritos como verdadeiros hereges sociais reincidentes, ou seja, homens cujos antecedentes os incriminavam.

Constatamos que os propagandistas piracicabanos expressavam seus ideais pichando *slogans* pelas paredes da cidade, procurando, desta forma, angariar adeptos e contestar o autoritarismo varguista. Nos atos de busca e apreensão de provas do crime político, como se processou na residência de Nelson de Oliveira, os investigadores confiscavam livros, boletins, fotografias, jornais, etc. No caso, a polícia encontrou o livro intitulado *A Sciência Moderna na Rússia Soviética* que comprometeu tanto o cidadão Hélio Krahembuhl como Nelson Oliveira. O primeiro porque "depois de longo e extenuante interrogatório e accareações, confessa ter redigido o

---

30 Relatório do Delegado de Piracicaba para o Delegado de Ordem Política e Social. Piracicaba, 7/03/1936. *Pront. 2010 - Nelson de Oliveira*. DEOPS/SP, DAESP.

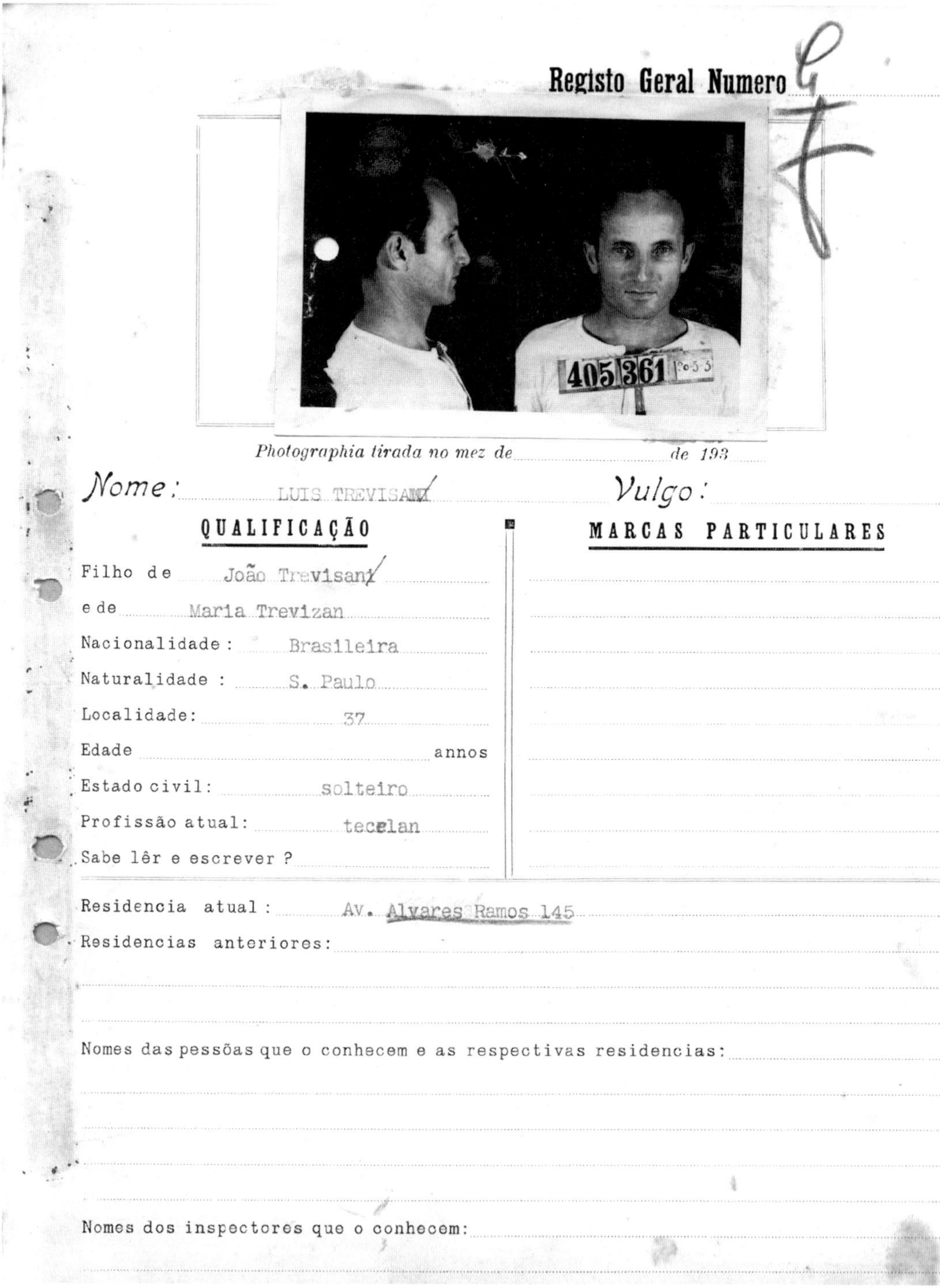

Registo Geral Numero

405361

Photographia tirada no mez de .... de 193..

Nome: LUIS TREVISAN

Vulgo:

QUALIFICAÇÃO

Filho de João Trevisan

e de Maria Trevizan

Nacionalidade: Brasileira

Naturalidade: S. Paulo

Localidade: 37

Edade .... annos

Estado civil: solteiro

Profissão atual: tecelan

Sabe lêr e escrever?

MARCAS PARTICULARES

Residencia atual: Av. Alvares Ramos 145

Residencias anteriores:

Nomes das pessôas que o conhecem e as respectivas residencias:

Nomes dos inspectores que o conhecem:

Identificação policial de Luiz Trevisan, preso em 1935 e em 1936. *Pront. 352 - Luiz Trevisan.* DEOPS/SP, DAESP.

Registo Geral Numero

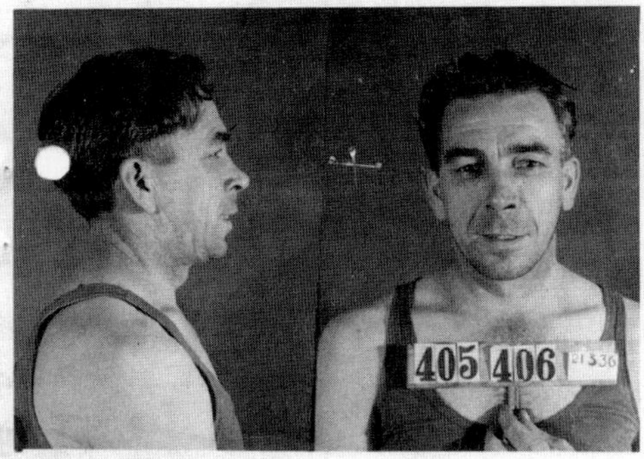

Photographia tirada no mez de .... de 193

Nome: MARIO PSSINE

Vulgo:

QUALIFICAÇÃO

Filho de Francisco Passini

e de Emilia Passini

Nacionalidade: Brasileira

Naturalidade: S. Paulo

Localidade: Indaituba

Edade 4o annos

Estado civil: casado

Profissão atual: carpinteiro

Sabe lêr e escrever ?

MARCAS PARTICULARES

cutis branca

Residencia atual: Ave- Carlos Botelho 7o Piracicaba

Residencias anteriores:

Nomes das pessôas que o conhecem e as respectivas residencias:

Nomes dos inspectores que o conhecem:

Identificação policial de Mário Passini, preso em 1917 e em 1935. *Pront. 2116 - Mário Passini.* DEOPS/SP, DAESP.

boletim subversivo (...) e confessa ser o auctor dos commentários favoráveis ao comunismo, escriptos no verso da segunda folha do livro *A Sciencia Moderna na Rússia Soviética*".[31] E o segundo, por ser o portador do referido livro que, por si só, incriminava-o por fazer referência à Rússia Soviética.[32]

Investigados, os acusados negaram os possíveis envolvimentos com a revolta de 1935 e com a ANL, postura que não os livrou de serem processados e condenados como comunistas. A ação repressiva apresentava-se como preventiva, dada a situação de Estado de Sítio em que se encontrava o país.

O ato de prevenção e vigilância policial não apenas apontava os cidadãos suspeitos como também os classificava em função de suas atividades no movimento político no qual estava envolvido. Segundo a visão policial, os comunistas em Piracicaba estavam divididos em três grupos distintos.

> Os orientadores, na sua maioria, não compareciam nas reuniões organisadas pelo Partido, mas são os que dirigem, por trás das cortinas, os destinos do núcleo do Partido Comunista do Brasil em Piracicaba. Eram ausentes nos comícios da cidade.
> Os propagandistas, tendo dentre eles alguns orientadores, organisam reuniões em diversos pontos da cidade. Distribuem panfletos e boletins de propaganda comunista e costumam realisar sabatinas.
> Os simpatizantes, geralmente, semi-analfabetos e completamente ignorantes, compareciam aos comícios para aplaudir os oradores propagandistas e comparecerem às reuniões a fim de receberem instruções dos dirigentes do Partido Comunista.[33]

Em 1946, o PCB em Piracicaba estava organizado da seguinte maneira, segundo a interpretação policial:

---

[31] Relatório do Delegado Adido para a Superintendência de Ordem Política e Social. São Paulo, 28/07/1936. *Pront. 2010 - Nelson de Oliveira.* DEOPS/SP, DAESP.

[32] CARNEIRO, 1997.

[33] Relatório do Delegado de Piracicaba para o Superintendente de Ordem Política e Social. Delegacia de Piracicaba, 1/06/1946. *Pront. 71030 - João Carletti.* DEOPS/SP, DAESP.

Organização do PCB em Piracicaba

Orientadores	Propagandistas	Simpatizantes	Agitadores
Hélio Krahembuhl	Delza Gerdes	João Carletti	João Chiarini
Antônio O. Ferraz	José Gerdes	Elpídio Amargo	Máximo Beduschi
Gilberto L. Ribeiro	Máximo Beduschi	Joaquim Esteves	Paulino Macedo
Lázaro S. Matos	Nelson de Oliveira	Francisco Zanella	Antônio Matarazzo
João Chiarini			Francisco Matarazzo
Estefânia Sampaio			

Fonte: Relatório do Delegado de Piracicaba para o Superintendente de Ordem Política e Social. Delegacia de Piracicaba, 1/06/1946. *Pront. 71030 - João Carletti.* DEOPS/SP, DAESP.

Roque[34] e Luiz Trevisan,[35] por sua vez, eram considerados "perigosos elementos comunistas" e agiam em São Paulo ocupando altos postos de orientação comunista. Pertenciam à ANL e lideraram greves na Capital. Roque Trevisan foi perseguido entre 1935 e 1969, sendo que, em 1946, era presidente do Movimento Unificado dos Trabalhadores (MUT). Luiz Trevisan ficou envolvido com as atividades políticas entre 1935 e 1950. Ambos, portanto, tiveram uma longa carreira política "subversiva", estando constantemente sob vigilância policial.

Neste caso, é interessante destacar os laços de familiaridade entre os dois ativistas. Ambos eram irmãos e, muitas vezes, atuavam em conjunto. Esta questão foi ressaltada por Leôncio Martins Rodrigues, que enfatizou a tradição de ativismo político oposicionista de muitas famílias. Citou Carlos Lacerda, que declarou:

> Fui criado num meio político; ouvi falar de política desde que eu e lembro que era gente. Meu pai foi político a vida inteira, sempre de oposição; meu avô nessa época, era um político em recesso porque era ministro do Supremo. De sorte que a política era um dos assuntos mais comuns, quer pela freqüência dos políticos lá em casa, quer pelos comentários dos jornais que a gente começou ler. [36]

---

[34] *Pront. 353 - Roque Trevisan.* DEOPS/SP, DAESP.

[35] *Pront. 352 - Luiz Trevisan.* DEOPS/SP, DAESP.

[36] RODRIGUES, 1974, p. 386.

Estas informações nos instigam a repensar os motivos pelos quais os cidadãos se filiavam, simpatizavam ou propagavam idéias políticas da oposição. Certamente, uma das causas primordiais eram as insatisfações relacionadas à dura realidade vivenciada pela classe dos trabalhadores na época. No entanto, vale a pena levarmos em consideração outros princípios e histórias de vida. A tradição familiar e/ou a inserção na classe média, composta sobretudo por profissionais liberais, certamente interferiam nas decisões político-ideológicas dos ativistas paulistas.

Caminhando mais para o norte do Estado de São Paulo, identificamos as cidades que, nas décadas de 30 e 40, estiveram em destaque nos documentos policiais do DEOPS: Bauru, Araçatuba, Lins e Bebedouro, importantes núcleos urbanos da região da Zona Noroeste. Nesta área constatamos a expressiva atuação do movimento operário, principalmente no setor ferroviário. A cidade de Bauru, por exemplo, foi palco de intensa atuação policial, que vigiou e reprimiu dezenas de cidadãos supostamente envolvidos com diversos movimentos políticos: ANL, PCB, Juventude Comunista ou Liga Operária. O envolvimento militar também se fez atuante junto às organizações políticas no noroeste paulista. Exemplo deste envolvimento é o do prontuariado Abdala Meline[37] que, em 1935, como cabo telegrafista da Força Pública, passava informações secretas da Delegacia Regional de Bauru para supostos comunistas ativistas na Associação do Comércio de São Paulo.

Na opinião de Nelson Werneck Sodré, o ano de 1935 assinalou o recrudescimento dos movimentos operários em todos os Estados, com alguns exemplos de greves políticas, particularmente na luta contra o projeto de Lei de Segurança Nacional.[38] Essa agitação envolveu importantes questões políticas, como o provimento dos governos dos Estados e as funções ministeriais, momento em que a luta pelo poder chega a níveis acentuados de acirramento. Conseqüentemente, essa movimentação acabou atingindo uma área ameaçadora: a dos militares. Estes lutavam pelo reajuste de seus vencimentos e, em meio a essa crise, geravam indisciplina, dando um toque duvidoso ao autoritarismo.

A eclosão de uma revolta comunista já era sentida em maio de 1935. A polícia, sempre bem informada e prevenida, alertava para a ligação

---

[37] *Pront. 378 - Abdala Melina*. DEOPS/SP, DAESP.

[38] SODRÉ, 1986, p. 82.

entre militares e operários. E, certamente, as condições para a Intentona Comunista já estavam sendo articuladas na zona noroeste paulista.

A atuação de Abdala Melina e o movimento operário ocorreram na cidade de Bauru, espaço irradiador de diversas correntes políticas de esquerda. Segundo registros do investigador "Rubens", em Bauru concentrava-se todo o controle da zona Noroeste até Matto Grosso. Depois das investigações (autorizadas) cheguei a estas conclusões:

> 1° Que a zona noroeste (Bauru, Lins, Araçatuba, Campo Grande, etc.) mais do que qualquer outra no interior, se nos apresenta com muitas possibilidades de graves e breves distúrbios (...) 4° que em toda zona noroeste, mais do que na paulista, já se acham organizadas as "brigadas populares" ou de "choque", como diz-se antes no seio do PD. 5° Que contam com meios para entrar immediatamente n'um movimento grevista (início da Acção da "Aliança"); 6° que contam com innumeros elementos nos meios militares.[39]

Considerada pela polícia como um grande centro de articulações e atividades comunistas, a cidade de Bauru transformou-se em palco de múltiplas ações preventivas e repressivas ditadas pelo DEOPS. A polícia não apenas traçava o perfil político social da cidade como também destacava suas principais organizações e as características sociais dos cidadãos suspeitos mais visados. A fim de alcançar a radiografia social da cidade, a polícia contava com o discurso anticomunista que permeava o imaginário brasileiro influenciado pelo discurso oficial. A população local, além de auxiliar a busca dos "criminosos", fortalecia a acusação policial sobre os ditos comunistas e as organizações a que estavam ligados. No caso, Bauru destacava-se pela intensa articulação política dos operários ferroviários da Estrada de Ferro Noroeste do Brasil e do seu respectivo sindicato. Essa organização tinha extrema força de ação e de união operária o que, em palavras ditatoriais, representava "o baluarte da pregação extremista". Um relato do delegado de Bauru para a Superintendência de Ordem Política e Social deixa explícito o uso deste mecanismo, de certa forma popular, na ação até mesmo arbitrária da Polícia Política.

---

[39] Informe de Rubens, investigador, para o Delegado de Ordem Política e Social. São Paulo, 28/05/1935. *Pront. 1579 - Associação de Classes e Sindicatos.* vol. 1. DEOPS/SP, DAESP.

> As testemunhas inquiridas....são unânimes em pôr em relevo a actuação destes cidadãos, não só em comícios alliancistas aqui realisados, como nas greves e tentativas de greves, entre os operários da Estrada de Ferro Noroeste do Brasil. A propaganda subversiva destes elementos tem sido intensa em Bauru, e ella tem virado numa guerra de morte aos burgueses sob pretexto de guerra ao imperealismo, ao latifundiário, não pagamento da dívida externa no Brasil e procurando atrahir operários e gente pobre, com a doce divisão de terra entre todos. O syndicato dos Ferroviários daquela Estrada tem sido o baluarte da pregação extremista, procurando attingir a todo o custo a classe humilde que corroba na grandeza do Estado e do Brasil.[40]

Os cidadãos rotulados como subversivos pela polícia eram os principais membros do Sindicato Ferroviário da Noroeste, dentre os quais cabe destacar: Antônio Rodrigues (ferroviário),[41] Jeronymo Cunto (ferroviário), Antônio Duarte (ferroviário), Francisco Pinto (ferroviário),[42] João de Deus Oliveira (ferroviário)[43] e Domingos Pimentel Miranda (ferroviário).[44] A polícia procurou reconstruir o círculo de relações políticas entre partidos e sindicatos de forma a justificar as ações criminosas dos suspeitos. Caso o cidadão tivesse sido preso antes de novembro de 1935, ele seria acusado de ser infrator da Lei de Segurança Nacional ou de manter ligação com partidos que estavam na ilegalidade. Quando apreendido após o levante de novembro de 1935, corria o risco de ser acusado de cúmplice, participante ou simpatizante da Intentona Comunista. De toda forma, a filiação de qualquer cidadão a um movimento sindical ou partido político era suficiente para discriminá-lo como "subversivo".

Na cidade de Bauru, através do Sindicato na Noroeste, observamos articulações desses cidadãos tanto com o PCB como com a Aliança Nacional Libertadora, cujas ligações políticas procediam desde a fundação do sindicato ferroviário da Noroeste. Segundo a polícia, Antônio Rodrigues – brasileiro e cidadão de Bauru que pertencia ao subdiretório

[40] Relatório de Rolim Rosa, delegado regional de Bauru, para o Superintendente de Ordem Política e Social. Bauru, 21/01/1936. *Pront. 2215 - Francisco Pinto.* DEOPS/SP, DAESP.

[41] *Pront. 3003 - Antônio Rodrigues.* DEOPS/SP, DAESP.

[42] *Pront. 2215 - Francisco Pinto.* DEOPS/SP, DAESP.

[43] *Pront. 3839 - João de Deus Oliveira.* DEOPS/SP, DAESP.

[44] *Pront. 869 - Domingos Pimentel de Miranda.* DEOPS/SP, DAESP.

da ANL local – foi o principal responsável pela abertura do Sindicato dos Operários da Estrada de Ferro da Noroeste do Brasil naquela cidade. Durante a vida ativa do sindicato, verificamos que Domingos Pimentel, Francisco Pinto e Jeronymo Cunto Jr, então filiados à ANL, encontravam-se entre os principais ativistas e propagandistas ferroviários.

A ação política de esquerda da Noroeste não se efetivava apenas na cidade de Bauru e entre os ferroviários. Apostava-se, sobretudo, na idéia de uma *Frente Única Operária,* resultado de uma série de alianças com outras cidades interioranas, diferentes camadas sociais e organizações políticas distintas. Verificamos, por exemplo, as atividades políticas de José Nogueira Carrijo (dentista),[45] Durvalino Peixoto Silveira (barbeiro),[46] Abrahão Maluf (comerciante)[47] e Benedito Esteves (lavrador).[48]

Apesar destes cidadãos serem diferenciados por suas posições sociais e atividades profissionais, eles tinham em comum seus ideais políticos. A insatisfação contra o governo Vargas espalhou-se por todos os níveis sociais da zona noroeste. Se, ao mesmo tempo, constatamos a intensa repressão policial objetivando conter a pregação e a divulgação dos ideais antigetulistas, por outro, observamos a resistência política junto a diversos segmentos profissionais da região noroeste paulista. O dentista José Carrijo, por exemplo, foi preso pela polícia porque apoiava "o não pagamento da dívida externa", compartilhando com os aliancistas, os comunistas e os ferroviários. Durvalino Peixoto, juntamente com Antônio Duarte, Lúcia Albano e Adelgido Justiniano de Paula, compunha a Juventude Comunista, que foi duramente perseguida pela polícia. Vale ressaltar que Antônio Duarte era o representante do movimento político-sindical de Bauru junto ao comitê Regional do PCB em São Paulo. Evidência, portanto, de que o PCB, a ANL, o movimento sindical operário e a Juventude Comunista na zona noroeste agiam em conjunto na luta contra o imperialismo e a burguesia. Em Bauru, segundo a polícia, o chefe do PCB local era o comerciante Abrahão Maluf, que, juntamente com Ludovico Olegário, Geraldo Guedes e Issa Maluf, foi delatado por João Brasil como "perigoso" comunista, em 1941. Em carta assinada, o delator João Brasil acusava os comunistas de estarem agindo naquela localidade:

---

[45] *Pront. 4807 - José Nogueira Carrijo.* DEOPS/SP, DAESP.

[46] *Pront. 3511 - Durvalino Peixoto Silveira.* DEOPS/SP, DAESP.

[47] *Pront. 2426 - Abrahão Maluf*. DEOPS/SP, DAESP.

[48] *Pront. 2277 - Benedito Esteves.* DEOPS/SP, DAESP.

> No último fizeram reunião, aproveitando-se da procissão dos Passos na qual tomou parte toda a população.
> E consta que vão se reunir novamente nestes dias. Não se esqueça que aqui foi e continua sendo um foco de comunismo.
> V.S. deve destacar para aqui um, dois ou mais inspetores da polícia de Ordem Política e Social e verá a caçada que vai fazer. É preciso agir com muita habilidade porque é um lugar pequeno e o pessoal todo aparentado de modo que avisa outro e atrapalha.
> O próprio delegado de Polícia é capaz de avisar os comunistas. Experimente e verá o sucesso. Os comunistas estão esperando qualquer cousa desta guerra para agir. Por hora eu me oculto por um pseudônimo e mais tarde me revelarei.
> Seu amigo e patrício João Brasil.[49]

A ação comunista na Zona Noroeste, além de alcançar cidadãos de vários níveis sociais, também extrapolava as fronteiras do município de Bauru, afetando o cotidiano das localidades circunvizinhas, como, por exemplo, o município de Lençóis Paulista, cujas paredes das casas pichadas com dizeres em prol do comunismo, expressavam a ação dos seguidores do "credo vermelho". A cultura anticomunista presente no imaginário dos cidadãos das pequenas cidades demonstra que eles viviam intensamente em conflito com as manifestações comunistas populares. A imagem do "mal vermelho russo" estava tão bem instalada na mentalidade dos brasileiros que os levava constantemente a assumirem o papel de delatores da desordem a ponto de desconfiarem da própria ação policial repressora. No caso, segundo investigações policiais, João Brasil era o pseudômino de Salustre Rodrigues Machado, vigário local que, como representante da classe religiosa local, se confrontava com os supostos comunistas, entregando-os à polícia.[50]

Interessante observarmos que, mesmo depois da decretação do Estado Novo em 1937, verificamos atividades do movimento comunista na região noroeste do Estado de São Paulo. No caso, a ação de Abrahão Maluf e seus companheiros perdurou durante os anos 40. A própria delação de João Brasil faz referências à II Guerra Mundial, significando a permanência ativa dos comunistas durante esse período.

---

[49] Carta de delação de João Brasil para o Delegado de Polícia de Lençóis Paulista. Lençóis Paulista, 8/04/1941. *Pront. 2426 - Abrahão Maluf.* DEOPS/SP, DAESP.

[50] Relatório de Investigação Policial para o Delegado de Ordem Política e Social. São Paulo, 3/05/1941. *Pront. 2426 - Abrahão Maluf.* DEOPS/SP, DAESP.

Pichações comunistas grafitadas em um muro. Lençóis Paulista (SP). Laboratório Técnico de Fotografia do Gabinete de Investigações. *Pront. 2426 - Abrahão Maluf.* DEOPS/SP, DAESP.

Pichações comunistas grafitadas em muro de uma residência. Lençóis Paulista (SP). Laboratório Técnico de Fotografia do Gabinete de Investigações. *Pront. 2426 - Abrahão Maluf.* DEOPS/SP, DAESP.

Pichações comunistas grafitadas na parede de uma residência em Lençóis Paulista (SP). Laboratório Técnico de Fotografia do Gabinete de Investigações. *Pront. 2426 - Abrahão Maluf.* DEOPS/SP, DAESP.

Compondo o segmento rural da sociedade da Noroeste, temos o lavrador Benedito Esteves que, aliado ao Socorro Vermelho Internacional, foi considerado, juntamente com Antônio Penteado, o elemento mais importante na movimentação "subversiva" da cidade de Bauru no ano de 1936. Segundo relatório policial, Esteves apresentava o perfil adequado de cidadão "criminoso" por suas idéias e posturas perigosas:

> Esteves é um veterano, um typo perigoso e audaz, como se pode ver dos autos, tendo-se em consideração, sobretudo, o local e hora de sua prisão. Ao seu encalço, andou a polícia local, mas, Esteves soube esconder-se e assim foi demorada sua prisão que somente se effectuou dia sete deste(7/04/36), quando, se achava, armado de revólver e munido de lista do "Socorro Vermelho Internacional", no jardim público local, bem a coragem e seu conceito às leis que vigem no momento.[51]

Benedito Esteves estava também envolvido com a revolta comunista de 1935, mantendo ligação com a ANL. Foi, sobretudo, punido por revelar sua participação em movimentos considerados extremistas e por sua oposição aos "fascistas" brasileiros: os integralistas. A polícia registrou as atividades de propaganda assumidas por Benedito, afirmando que ele era responsável pela distribuição de boletins intitulados *Ao Povo,* e assinados por *Um grupo de democratas*. Os boletins – registro de mais uma frente de combate dos comunistas – convidavam o povo a não admitir que os integralistas realizassem uma concentração na cidade de Bauru, no dia 1° do mês de agosto de 1937.[52]

O clima de tensão entre integralistas e comunistas expressava-se numa verdadeira guerra de papéis: boletins, carta de delações, circulares, etc. O embate vinha à tona durante os comícios e as manifestações públicas. De norte a sul no Estado de São Paulo, principalmente entre 1935 e 1938, verificamos ações divergentes entre estes dois grupos políticos que, muitas vezes, funcionavam como prova da "malignidade vermelha". Na cidade de Itapetininga, região mais ao sul do Estado, na Zona Sorocabana – onde também se localizam cidades como Sorocaba, São Roque e

---

[51] Relatório de Fábio Lima, delegado regional de Bauru, para o delegado de Ordem Política e Social. Bauru, 15/04/1936. *Pront. 2277 - Benedicto Esteves*. DEOPS/SP, DAESP.

[52] Relatório de Investigação para o Delegado Adido de Ordem Político e Social. São Paulo, 9/08/1937. *Pront. 2277- Benedicto Esteves*. DEOPS/SP, DAESP

Botucatu a intervenção de aliancistas durante um comício integralista realizado em teatro local, serviu à polícia como exemplo explícito da violência que estaria intrínseca nas mentes e ações dos aliancistas. Para a polícia, os adeptos da ANL "tentaram perturbar o comício licenciado pela polícia", dando vivas a Carlos Prestes e instigando idéias subversivas por meios de boletins impressos e jornais distribuídos por diretores provisórios da Aliança "...tarde da noite, às occultas, clandestinamente, no seco das classes trabalhadoras e mesmo entre os ferroviários e militares, visando com o tal propósito difundir o gérmen do mal e de ampliar um plano de subversão político-social e de derrubar governos pela violência que tinham em vista".[53]

Constatamos que, de acordo com a denotação policial, as articulações políticas de esquerda eram sempre descritas como um ato clandestino, subversivo, portador de malignidade e causador da desordem, através de atos violentos e contra o governo. Insistia-se na imagem de "perigo oculto", que agia às escondidas na escuridão e no segredo da noite. O discurso policial sobre as atividades comunistas estava imbuído das dicotomias *bem* x *mal*, *luzes* x *trevas*, *ordem* x *desordem*. Essa retórica reafirmava o embate divulgado por Getúlio Vargas que apresentava a sociedade brasileira como se esta fosse um palco de guerra. Do seu lado estavam a ordem, o progresso, a pátria e a família e do outro, as malfeitorias da desordem estrangeira e comunista. Justificava-se a ação policial preventiva e repressiva contra os cidadãos "desordeiros" e legitimava-se a política autoritária, xenófoba e nacionalista do governo varguista.

As estratégias de luta por parte da resistência podem ser constatadas através da produção de boletins de propaganda comunista, intensa em todo o interior paulista. O discurso comunista não apenas combatia o integralismo como também incentiva os operários a participarem de reuniões sindicais, greves e comícios, além de lutarem contra o imperialismo e a burguesia. A maioria deste material sedicioso arquivado junto aos prontuários do DEOPS pertencia aos sindicatos ferroviários. Os boletins foram encontrados pela polícia nos trens das ferrovias paulistas, confirmando o modo pelo qual as idéias circulavam de forma a cumprir com seu objetivo imediato: informar de forma rápida e precisa, ainda que

[53] Relatório do Delegado Regional de Itapetininga para o Superintendente de Ordem Política e Social. Itapetininga, 31/07/1935. *Pront. 2816 - João Amâncio Ribeiro*. DEOPS/SP, DAESP.

clandestina. Os propagandistas valiam por seu grau de inventividade e rapidez ao propagar a mensagem. Em São Carlos, na Zona Paulista, por exemplo, verificamos a circulação dos boletins *O Trilho* e *A Farpa*. Em São Roque, na Zona Sorocabana, o cidadão Itauty Carneiro de Magalhães, presidente do Sindicato da Sorocabana, foi apontado pela polícia como um dos principais "cabeças" do movimento ferroviário, principalmente por ser um grande produtor de boletins comunistas.

As manifestações intelectuais ou culturais no âmbito operário-comunista costumavam preocupar a polícia varguista. Se por um lado o Estado empenhava-se em pregar a imagem da massa inculta, do operário ingênuo, de outro, tínhamos os seguidores de Moscou que, influenciados pelas estratégias de propaganda russa, doutrinavam os bons operários, seduzidos por suas palavras de ordem. A capacidade ou habilidade de certos indivíduos de escrever suas teorias revolucionárias representava uma verdadeira ameaça à estabilidade do governo Vargas. Estes, além de terem consciência e acesso às propostas vindas do exterior, acabavam por propagá-las, induzindo as massas a se rebelarem contra o governo. Instigando a produção de um universo cultural que entrava em choque com a ideologia oficial, a propaganda subversiva escrita – estou me referindo aqui exclusivamente aos escritos informais e boletins – concretizava-se através dos impressos que têm um registro efetivo se comparado ao discurso oral. O próprio emprego do papel como suporte para a impressão garantia à propaganda maior possibilidade de circulação.

Para Eliana Dutra,[54] apesar de todo o mal que os comunistas configuravam, eles infundiam respeito pelas qualidades que lhes eram atribuídas, tais como habilidade, planejamento, persistência, tenacidade e inteligência. Para a eficácia da própria ação policial era necessário que estes não encarassem os comunistas como incapazes, ignorantes e fracassados. Ao contrário, a imagem criada era a do mal comunista, do intelectual marxista, do ideólogo moscovita, do agente externo enquanto produtor de idéias malignas e sediciosas. Era um inimigo poderoso, mentiroso e articulista, dedicado a enganar o povo brasileiro. Ressaltar as qualidades dos intelectuais "subversivos" justificaria a imagem "demoníaca" arquitetada pelo Estado autoritário. De um lado configurava-se a imagem do brasileiro inocente e, do outro, do comunista traiçoeiro: "Onde há o colegial

[54] DUTRA, 1997, p. 61.

sonhador ou o operário revolucionário (...) sabem procurá-los e captar-lhes a confiança inoculando-lhes o germe da demolição. Utilizam-se de todos os recursos, acenando às pessoas simples com um paraíso terrestre".[55]

Ao lado da produção intelectual comunista, havia também as atividades políticas operárias. Acreditamos que era mínima a distância entre teoria e práxis no interior paulista. Itauty Carneiro de Magalhães,[56] na Zona Sorocabana, foi um bom exemplo desta ação una entre letras e ação política. Como presidente do Sindicato Ferroviário da Sorocabana, Itauty, juntamente com Armando Layder, Carlos Gomes, João Braz da Costa, Leopoldino Bueno Machado, Ladislau de Camargo, Custódio Guimarães e Antônio Lopes, formou a principal base ativista dos ferroviários da Sorocabana. Eles, ao serem flagrados pela polícia, foram assim definidos:

> ...promovendo comícios em todos os syndicatos e arregimentando o operariado com o fim de appelar ao Sr. Presidente da República para que sejam postos em liberdade os presos políticos, de preferência os parlamentares.
> Fui informado ainda que após a realização de um comício no Syndicato de Botucatu, os cidadãos supra mencionados seguiram para Bauru onde realizaram outro comício e findo qual, com as mesmas finalidades, rumariam para Assis, Presidente Prudente e Santo Anastácio.[57]

Verificamos que elementos da Sorocabana mantinham contatos com outras cidades onde propagavam suas idéias e incitavam a realização de greves e comícios. Destacando a cidade de Bauru como uma das localidades de interesse e colocando-a como pertencente à E.F. Noroeste, podemos pensar em como se processavam tais relações. Sabemos, por outros documentos, que as reuniões dos ferroviários ocorriam, muitas vezes, de forma conjunta, fato que pressupõe um movimento ferroviário unificado. Longe, portanto, de encontrarmos um movimento operário no interior paulista, isolado, sem articulações e sem a presença de lideranças

---

[55] Agitações Extremistas (Editorial). *Estado de Minas.* Belo Horizonte, 31/10/1936, p. 2.
[56] *Pront. 2790- Itaiuty Carneiro de Magalhães.* DEOPS/SP, DAESP.
[57] Relatório de Investigação para o Delegado de Ordem Política e Social . Secção de Investigações. São Paulo, 3/06/1937. *Pront. 2790 - Itaiuty Carneiro de Magalhães.* DEOPS/SP, DAESP.

significativas que contavam com ativistas incultos ou semi-analfabetos. O que de fato registramos foi uma organizada manifestação contra a política autoritária e repressiva varguista, combatida tanto nas ruas como nas reuniões, pelos sindicatos ou em forma de boletins pelas vias férreas ou pelas mãos dos cidadãos paulistas. Constatamos, sobretudo, movimentos intensos de apelo por condições trabalhistas mais justas ou por justiça aos presos políticos. Distante de serem os "demônios" ou "agentes do mal", os ditos comunistas lutavam incessantemente em prol da liberdade social e da liberdade de pensamento.

De um lado constatamos as ações de grupos de resistência, ligados ao movimento político de esquerda, no interior Paulista, bem articulados e propagadores de idéias vivas e revolucionárias; de outro, observamos o grupo responsável pelo controle e pela repressão das massas, identificado com as ideologias autoritárias, xenófobas e nacionalistas. Ambos os grupos valiam-se de estratégias próprias para divulgar seu ideário junto aos trabalhadores urbanos e rurais. A "voz" dos policias podia soar mais alto e de forma eficaz sem, entretanto, conseguir deter a ação dos "homens da (des)ordem", que atuavam, através das letras, mesmo atrás das grades. A repressão, ainda que eficiente, não conseguiu matar utopias ainda vivas no imaginário coletivo. Razão tinha o cidadão de Araraquara (SP), Marcílio Rocha, quando preso nas celas do terror, escreveu para sua esposa Guiomar, em 1936: "Si for mulher nosso filho dê-lhe o nome de 'Liberdade' a única coisa que não existe no Brasil".[58]

A ação ferroviária na Sorocabana, longe de ser a única atividade resistente, auxiliava também a intensa organização dos operários da Fábrica Votorantin S/A. Dentre os principais operários ativistas estavam: Jurandyr de Godoy Sanches,[59] Laurentino Marques,[60] Ernesto Imparato,[61] Otto Junqueira e Ângelo Vidal. Em 1938, sses brasileiros foram condenados, como comunistas perigosos e agitadores das classes operárias, incentivadores de movimentos grevistas e comícios na cidade de Sorocaba. Dentre esses cidadãos, destacamos Laurentino Marques, que, mesmo sendo ferroviário

[58] Carta de Marcílio C. de Arruda para Guiomar, sua esposa. Presídio Maria Zélia. São Paulo, 26/06/1936. *Pront. 1709 - Marcílio Correa de Arruda Rocha.* DEOPS/SP, DAESP.

[59] *Pront. 603 - Jurandyr de Godoy Sanches.* DEOPS/SP, DAESP.

[60] *Pront. 873 - Laurentino Marques ou Laurentino Arruda.* DEOPS/SP, DAESP.

[61] *Pront. 604 - Ernesto Imparato.* DEOPS/SP, DAESP.

da Sorocabana, agia entre os operários da Votorantin, além de trabalhar como diretor da sede do Partido Comunista Brasileiro, onde, em 1935, lutou pelo aumento de salários dos trabalhadores brasileiros. Participou também do Sindicato dos Operários de Tração, Luz e Força e da Campanha de União dos Trabalhadores da Light, principalmente como informante do PCB e que, como tal, foi perseguido pela polícia até 1948. Este, como muito outros cidadãos paulistas, dedicou grande parte da sua vida de trabalhador à propagação dos ideais de uma nova ordem política. Independente da ordem profissional e do *status quo* envolvido, estes cidadãos paulistas tiveram suas vidas unidas por reivindicarem condições mais justas para as classes operárias. Mesmo sendo perseguidos e vigiados, eles enfrentaram a repressão sem medo da prisão, da tortura e das garras impiedosas do DEOPS.

OS ESTRANGEIROS INDESEJÁVEIS NA MIRA DO DEOPS

Após o golpe de novembro de 1937 que instaurou o Estado Novo (1937-1945), iniciou-se uma fase de consolidação política, configurando-se a formação de um governo forte, antidemocrático, centralizador, apartidário e ditatorial, corporificado na figura de Vargas. Como doutrina oficial do Estado, efetivou-se a ideologia do anticomunismo. O tema do nacionalismo foi recolocado em cena, unindo o pensamento de governantes e intelectuais, que, identificados com as idéias da extrema direita, ofereceram opções para a "crise do mundo liberal".

Delineou-se a idéia de que o Estado Novo brasileiro era "uma colméia de trabalho, de ordem, de disciplina, de ação orientada e segura, de modo que cada indivíduo sinta que é uma força em movimento defendendo interesses nacionais e firmando as bases de uma sociedade nova".[62]

O tema da incorporação dos imigrantes e seus descendentes à sociedade nacional se fez presente no debate sobre a política imigratória e a composição étnica e política da população brasileira desde meados do século XIX. No decorrer do século XX, a necessidade de assimilação, caldeamento e seleção dos estrangeiros tornou-se uma questão de Segurança Nacional. No primeiro governo de Vargas (1930-1945), a política nacionalista associada à idéia anticomunista proporcionou aos estrangeiros que agiam junto aos partidos políticos ou sindicatos uma dupla (e cruel) caracterização criminosa. No interior paulista, os principais estrangeiros que agiam entre os grupos operários eram italianos, espanhóis e lituanos.

---

[62] CARRAVETA, 1940.

Por volta de 1934 e 1935, antes mesmo da decretação do Estado Novo, a participação estrangeira nas manifestações políticas de esquerda eram constantes nos diversos segmentos operários.

Em 1931, por exemplo, verificamos a presença italiana na cidade de Bauru, onde agia o anarquista João Mineiro (ou João Batista).[63] Este foi classificado pela polícia como membro dos maiores centros anarquistas de São Paulo e como filiado do PCB. Apesar de parecer estranha esta dupla opção política de João Mineiro, para polícia isto nada mais era do que *indícios da criminalidade* de um estrangeiro. A própria condição de estrangeiro já o tornava suspeito, estigma que o caracterizava como triplamente "perigoso": anarquista, comunista e estrangeiro.

A participação italiana nas atividades políticas foi constatada na área rural. Em 1932, o cidadão de Lins Antônio Ciara (Tiora Antônio)[64] foi condenado pelo DEOPS por participar de movimentos grevistas nas propriedades agrícolas na região da Zona Noroeste, liderados pelo médico Oswaldo Bomeiro. Aqui não só observamos as diferentes ações dos italianos no "movimento subversivo" na região noroeste paulista como também constatamos o estabelecimento dos italianos nas áreas urbanas e rurais da região. Constatamos que esses italianos não atuavam apenas na Noroeste, onde se manifestavam politicamente, como também na região Sorocabana paulista. Em 1938, Egyno Terciani,[65] operário italiano, cidadão de Sorocaba, foi condenado pela polícia como ativista comunista entre os operários da Fábrica Votorantin S/A e como perigoso propagandista e agitador, articulado com os brasileiros Laurentino Marques e Jurandyr Sanches. Nesse período, as leis nacionalistas instauradas pelo Estado Novo criavam problemas para os estrangeiros acusados de bloquear o processo de formação de uma cultura autenticamente nacional.[66]

Os espanhóis tiveram também presença marcante junto aos movimentos operários paulistas. Dentre os prontuariados fixados pelas delegacias do interior destacaram-se Indalécio Gomes,[67] espanhol filiado ao Centro Republicano Espanhol, com sede em Sorocaba, e João Geraldo

---

[63] *Pront. 774 - João Mineiro ou João Batista.* DEOPS/SP, DAESP.
[64] *Pront. 1923 - Antônio Ciara ou Tiora Antônio.* DEOPS/SP, DAESP.
[65] *Pront. 765 - Egyno Terciani.* DEOPS/SP, DAESP.
[66] Ver SANTOS, 2001.
[67] *Pront. 2244 - Indalécio Gomes.* DEOPS/SP, DAESP.

Registo Geral Numero

Photographia tirada no mez de de 193

Nome: JOÃO MINIERO

Vulgo:

QUALIFICAÇÃO

Filho de Victor Baptista

e de Rosa Zambarelli

Nacionalidade: Italiana

Naturalidade: Italia

Localidade: Caserta

Edade: nacido 11 de Novembro 1886 annos

Estado civil: casado

Profissão atual: operario

Sabe lêr e escrever? sim

MARCAS PARTICULARES

cutis branca

cabellos cast.

barba feita

bigodes rasp.

sobran. cast. escuros

instrução baixa

Residencia atual: Baurú

Residencias anteriores:

Nomes das pessôas que o conhecem e as respectivas residencias:

Nomes dos inspectores que o conhecem:

Identificação policial de João Mineiro, expulso do Brasil como anarquista em 1921. *Pront. 774 - João Mineiro.* DEOPS/SP, DAESP.

da Costa,[68] ativista em Bauru. Em 1937, a polícia declarou ter prendido cerca de 18 espanhóis comunistas filiados a este centro e que estavam envolvidos diretamente com a ANL local e com o movimento ferroviário da Sorocabana. Assim, percebemos que existia uma intensa relação entre os cidadãos de nacionalidade espanhola, o comunismo e a movimentação ferroviária, fato que nos permite redimensionar as influências dentro do ativismo ferroviário dos operários da Estrada de Ferro Sorocabana. Questionar os motivos pelos quais esses estrangeiros aderiam ao movimento é buscar conhecer intrinsecamente quais eram as ideologias e as razões que instigavam o grupo à luta revolucionária.

Os espanhóis republicanos eram considerados comunistas pela polícia, sobretudo, por possuírem estreitas ligações com os movimentos antifranquistas da Espanha. Por sua vez, a ligação com o movimento ferroviário ecoa em uma maior complexibilidade desta atividade espanhola republicana. Apresenta o movimento ferroviário da Sorocaba como um grupo heterogêneo por suas múltiplas nacionalidades e tendências ideológicas.

No caso de José Geraldo da Costa, sua ação se deu em 1936, na cidade de Bauru, entre os empregados da Cia. Paulista de Força e Luz. Costa foi acusado de propagar idéias comunistas e de ser filiado à ANL. Dois meses após sua prisão em 18 de abril de 1936, foi decretada sua expulsão do país. No entanto, investigações policiais em 1941, constataram que Costa ainda vivia no Brasil, na própria cidade de Bauru. Foi preso e removido para a Superintendência de Ordem Política e Social e, em seguida, transferido para a detenção. Em 1942 foi posto em liberdade sob a vigilância do Ministério da Justiça. Aqui, constatamos um exemplo de como procediam os mecanismos policiais sobre determinados estrangeiros que, sujeitos à expulsão, resistiam e permaneciam clandestinamente no país. Todavia, logo após o início da II Guerra Mundial, a vigilância sobre estrangeiros intensificou-se trazendo à tona a desobediência legal de Costa, que foi punido pela polícia, ainda que permanecendo em liberdade.

A presença dos lituanos foi constatada nas cidades de Barretos e São Carlos no início dos anos trinta. João Kepenis (operário)[69] e João Gyuski

[68] *Pront. 1083- João Geraldo da Costa.* DEOPS/SP, DAESP.
[69] *Pront. 1646 - João Kepenis.* DEOPS/SP, DAESP.

(jornaleiro)[70] foram avaliados pela polícia como comunistas. Kepenis foi acusado de incentivar os operários do Frigorífico Anglo de Barretos a formarem uma célula comunista e articularem movimentos grevistas. Com ele foram encontrados boletins que faziam referência à IV Internacional Comunista e uma foto de Lênin, confiscados como provas suficientes para que fosse decretada sua expulsão do país. Gyuski, conhecido também como João Gaisth, foi preso um ano depois de Kepenis, em 1933, na cidade de São Carlos, portando boletins e jornais comunistas, além de duas pistolas. Eram evidências do clima de tensão e do estado de sítio que, após 1937, assumiram o clima de verdadeiro "estado de guerra" contra os estrangeiros.

A partir de 1937, foram tomadas medidas coercitivas visando atingir as organizações comunitárias étnicas, produtos da imigração européia recente. Mudanças na legislação e a ação direta do Exército junto aos grupos considerados "quistos raciais" interferiram na vida cotidiana de parcela significativa da população, sobretudo no sul brasileiro e em São Paulo.[71] O interior do Estado não ficou ileso à repressão oficializada.

O Estado nacional varguista tinha como meta a formação de uma comunidade brasileira homogênea e eugenicamente configurada. Insistia, de várias formas, na "produção" de indivíduos que atendessem aos padrões étnico-políticos idealizados para compor a figura do homem brasileiro. Esta postura intensificou os conflitos com as minorias étnicas presentes no Brasil desde o final do século XIX. A partir de 1938, principalmente, presenciou-se uma grande investida por parte do governo em uma "tradição brasileira" que, segundo a versão oficial, estava ameaçada pela intensidade cultural das comunidades dos imigrantes. Estes, por sua vez, se cristalizavam, fechando-se em colônias na tentativa de garantir sua identidade.

As principais comunidades imigrantistas radicadas no Brasil eram a japonesa, a espanhola, a portuguesa, a italiana, a alemã e a polonesa. A partir de 1942, quando os grupos étnicos tornaram-se uma questão de Segurança Nacional, a campanha de nacionalização incidiu, principalmente, sobre os teuto-brasileiros e os japoneses. Nas cidades do interior do Estado de São Paulo, verificamos, sobretudo, a presença marcante de japoneses,

---

[70] *Pront. 2617 - João Gyuski ou João Gaisth.* DEOPS/SP, DAESP.

[71] SIYFERTH, 1999, p. 199.

Publicação argentina da Internacional Comunista confiscada do operário lituano João Kepenis em 1932. *Pront. 1646 - João Kepenis.* DEOPS/SP, DAESP.

Lênin. Reprodução fotográfica, s/d. *Pront. 1646 - João Kepenis.* DEOPS/SP, DAESP.

italianos, lituanos e alemães. Constatamos que a perseguição policial sobre os estrangeiros identificados como "Súditos do Eixo" aconteceu, sobretudo, após 1942, em decorrência da participação do Brasil ao lado dos Aliados.

Em 1938, registramos o controle policial sobre duas colônias alemãs na região de Presidente Prudente. Um artigo publicado pelo jornal local *A Notícia* revelou:

> Carta de um lavrador denominado "Colônia Rio Grandense", município Maracahy, comarca de Paraguaçu, deste Estado. Existem elementos allemães e de origem allemã alli estabelecidos.
> Há 340 famílias enquistadas naquela zona rural fazem vida completamente a parte da nossa, pela língua, pelos costumes, pela instrução e pela indifferença que votam as coisas nacionaes e aos interesses do paíz que as acolheu e hospeda.
> Possuem escolas allemães, com professores que ensinam uma língua allemã despresando a nossa. Tem cemitério allemão, onde não permitem enterramento de nacionaes. Repellem qualquer convivência com brasileiros. Padres e freiras de nacionalidade allemã alli ministram os sacramentos rezam o culto em allemão.
> Nota do autor: "a generosa hospitalidade do brasileiro precisa ser bem comprehendida e respeitada, de forma que o processo da immigração, de que tanto necessitamos, não venha a se tornar, por encuris das autoridades, em processo de absorção, predominando, dentro do território nacional, usos e costumes e até língua alienígenas, com menos cabo pelo que é nosso, muito nosso, e devemos empôr aos nossos hóspedes".[72]

Através deste documento, constatamos a atitude da imprensa em relação à situação política vigente, fato interpretado por Maria Helena Capelato[73] como uma das formas de legitimação do Estado Novo, interessado em domesticar os múltiplos segmentos da sociedade. O documento data de 1938, período em que a imprensa estava sob censura do Estado que, vetava a publicação de certas notícias e impunha a divulgação de outras. O documento nos comprova que o processo político de doutrinação adotado por Vargas propagou-se por todo o território nacional,

---

[72] A denúncia. In: *A Notícia.* Presidente Prudente, 6/03/1938. *Pront. 550 - Delegacia Regional de Presidente Prudente.* vol. 1. DEOPS/SP, DAESP.

[73] CAPELATO, apud PANDOLFI, 1999.

Membros da colônia de alemães de Macaraí (SP), 1938. Fotografia produzida pela polícia local. *Pront. 550 - Delegacia Regional de Presidente Prudente.* vol. 1. DEOPS/SP, DAESP.

expondo os imigrantes, independente de onde estivessem instalados, ao estigma de "estrangeiro indesejável".

Em algumas cidades, a população saiu do anonimato e partiu para a agressão pública, manifestando sua repulsa aos estrangeiros. Um relato policial sobre a cidade de Itapeva, comenta que o prefeito, por manifestar simpatias pelos "Súditos do Eixo", havia sido ameaçado de ter a sua casa apedrejada por uma multidão:

> Por ocasião do rompimemto das relações políticas, comerciais e diplomáticas do Brasil com o 'eixo', o povo quis apedrejar a casa do prefeito, somente não levando a termo o seu desejo, devido à intervenção dos Srs. Drs. Juiz de Direito, Promotor Público e delegado de Polícia, que aconselharam a multidão a desistir do seu propósito.[74]

Apesar da polícia ter declarado que as atitudes da população eram decorrentes do rompimento das relações diplomáticas do Brasil com os países do Eixo, acredito que a causa maior dos atos de delação se apresenta muito mais como produto da doutrinação oficial do que como expressão de um sentimento popular e espontâneo. Símbolo da eficácia do projeto cultural de Vargas, esse documento evidencia o grau de rejeição ao estrangeiro, chegando a insultos contra figuras políticas locais. Além do mais, fica registrada a personificação do chefe de Estado cuja figura era identificada com a imagem da ordem, do progresso, da família e do nacional.

Durante a demarcação de etnicidade nacional, percebemos a tentativa do governo em anular qualquer tipo de influência cultural estrangeira, evidenciando-se o confisco e as queimas de livros editados, principalmente em alemão e russo. O projeto interferiu também nos meios de comunicação, que foram proibidos de transmitir e publicar suas matérias em língua estrangeira. Nas escolas, investiu-se com a obrigatoriedade do ensino da língua portuguesa em todo o país.

Nas cidades do interior, constatamos apreensões de rádios, mimeógrafos, livros, cadernetas, filmes e mapas. Em 1935, a polícia apreendeu um cartão postal e várias cartas enviadas da Alemanha para um

---

[74] Comunicado da Subchefia de Ordem Política e Social ao Delegado de Ordem Política e Social. Superintendência de Segurança Política e Social. São Paulo, 2/09/1943. *Pront. 61424 - Delegacia de Itapeva.* DEOPS/SP, DAESP.

cidadão de Jundiaí. Em São Carlos, dois alemães foram presos em 1942 por terem desligado o rádio no momento que era irradiada a *Hora do Brasil*. Em Araçatuba, no mesmo ano, a Polícia Política apreendeu um mimeográfo na Associação de Moços de Cafesópolis, utilizado para a reprodução de livros em língua japonesa. Na cidade de Vera Cruz, o DEOPS apreendeu mais de 4.300 livros e revistas em idioma dos "Súditos do Eixo", principalmente, em japonês. Em 1944, na cidade de Araraquara, ocorreu o fechamento de uma escola japonesa. Na cidade de Jaú, em 1945, constatamos a vigilância sobre seis famílias japonesas que, apesar de não se manifestarem, foram proibidas de exibirem filmes sobre o Japão.

A ampla movimentação dos "Súditos do Eixo" no interior paulista culminou com o acirramento da vigilância policial sobre as comunidades japonesas, alemãs e italianas. É interessante destacar que a ação policial se fez também através de um intenso controle sobre veículos automotores e caminhões após o ano de 1942. Nesse momento, ocorreu uma inversão de importância entre as vias de circulação, pois até então havia predominado o uso da ferrovia como meio de transporte. Em clima de guerra, a atenção policial voltou-se para as vias de acesso à capital e para os portos. Constatamos tal vigilância nas cidades de Franca, em 1942, sobre os italianos; em São José do Rio Preto, sobre os alemães e os italianos e em Casa Branca e Descalvado sobre os italianos.

O controle sobre os italianos na cidade de Salto vinha sendo verificado desde o início dos anos 30, acentuando-se de forma sistemática a partir de 1942. Constatamos, por exemplo, instruções de controle policial sobre os "Súditos" italianos, ex-tripulantes de navios mercantes, que deveriam ser distribuídos por cidades pré-determinadas pela Superintendência de Ordem Política e Social do Estado de São Paulo "permitindo que desse modo tivessem oportunidade de encontrar trabalho livre".[75] O olhar policial direcionou-se para as colônias estrangeiras e para os espaços de trabalhos onde atuavam os italianos, principalmente. Com o objetivo de dominar o cotidiano dos "súditos italianos" as autoridades policiais exigiam do suspeito:

[75] Ofício do Superintendente de Segurança Política e Social para o Delegado de Salto. São Paulo, 11/02/1943. *Pront. 51371- Delegacia de Salto*. DEOPS/SP, DAESP.

> 1º: Acatamento às autoridades policiais locais à quais deverão apresentar-se, pelo menos uma vez por semana.
> 2º: Comunicar residência e possíveis mudanças
> 3º: Pagarem impostos de guerra, depois de empregados
> 4º: Não contraírem matrimônio sem conhecimento das autoridades.
> Os súditos, por sua vez, contavam com:
> 1º: Apoio material do consulado suíço
> 2º: Ajuda das autoridades locais para encontrarem trabalho.[76]

Dentre as resoluções tomadas pela Superintendência de Ordem Política e Social percebe-se dois itens relacionados ao trabalho dos imigrantes. Como cita Boris Fausto[77] e Angela de Castro Gomes,[78] o programa nacionalista do primeiro governo Vargas valeu-se da ideologia sobre o trabalho para impor jurisdições como a *Lei de Nacionalização*, no início dos anos 30, e as *Leis de Nacionalidade, de Extradição e de Entrada de Estrangeiros*, em 1938. Estas leis restrigiam as oportunidades de trabalho para os estrangeiros, com ênfase na valorização do trabalhador nacional. Em 1931, Lindolfo Collor afirmava que "um dos fatores mais condenáveis da exploração do operário brasileiro e das injustiças contra ele cometida é o operário estrangeiro que vem para o nosso país de origem, que toma o lugar do nacional".[79] Com base no discurso policial, percebemos que havia de um lado, uma certa *liberdade para o cidadão trabalhar* e também o auxílio para consegui-lo, e de outro, o *trabalho sob vigilância policial*, a exemplo dos "Súditos do Eixo", que, durante a II Guerra Mundial, encontraram dificuldades para ir e vir ao local de trabalho.

Uma outra estratégia policial de controle sobre os estrangeiros radicados no interior do Estado foi a sistematização da fiscalização a partir da emissão dos salvo-condutos. Todos os estrangeiros deviam possuir esse documento de identificação para circularem legalmente. Anexados aos prontuários, identificamos dezenas de radiotelegramas dos delegados locais para o Delegado Adjunto do Serviço de Salvo-condutos solicitando a

---

[76] Ofício do Superintendente de Segurança Política e Social para o Delegado de Salto. São Paulo, 11/02/1943. *Pront: 51371- Delegacia de Salto*. DEOPS/SP, DAESP.
[77] FAUSTO, 1970.
[78] GOMES, apud PANDOLFI, 1999.
[79] FAUSTO, 1970.

remessa de tais documentos. Para a polícia, qualquer estrangeiro que estivesse em circulação sem o porte daquele documento poderia levantar suspeita de espionagem. Na cidade de Piraju, por exemplo, verificamos que tal fiscalização era cumprida como um ato patriótico de dever com a Ordem e o Estado:

> Vem esta delegacia de polícia exercendo a mais severa vigilância em torno daquele, que procuram viajar sem documentação(...) Ontem(...)junto à estação da Estrada de Ferro Sorocabana, desta localidade, (...) ao proceder a fiscalização de documentos, verificou que 10 passageiros procuravam iludir a referida fiscalização, embarcando(...) verificou-se que não possuía documentos legais, pois, o súdito do eixo de nacionalidade italiana, portador da carteira de salvo-conduto no 145.998, não tinha vistos em ordem e nem tampouco havia comparecido perante esta delegacia afim de visar a dita caderneta para o destino que deveria tomar. Tendo o trem já partido, foi preciso desembarcar com os passageiros que se encontravam irregulares em Mandury deste município e comarca, a fim de pedir fazer retornar consigo os passageiros em questão.[80]

Nesse documento, constatamos a sistemática vigilância de "súditos italianos", os quais, apesar de não terem praticado nenhum ato contra a ordem, foram detidos por falta da documentação de identificação policial sobre os estrangeiros. Muitas vezes, a fiscalização era sem critério, penalizando inocentes que apenas queriam trabalhar. A vigilância e a repressão eram articuladas sobre os estrangeiros, avaliados como perigosos em potencial, e não baseadas em atos ditos criminosos.

A presença dos japoneses durante o pós-guerra no interior paulista foi também alvo de atos repressivos por parte da Polícia Política. Apesar da preocupação positiva das autoridades policiais em arranjar um trabalho para os imigrantes, livrando-os de problemas econômicos, constatamos a expedição de uma "importante circular de repressão enérgica aos elementos nocivos" pelo delegado de Bauru, Rolim Rosa. Este descreveu, através da imprensa, as "severas mas necessárias" diretrizes que os imigrantes japoneses residentes na Zona Noroeste paulista deveriam cumprir, a saber:

---

80 Ofício de Otávio Romero, delegado para o Major Superintendente de Segurança Política e Social. Piraju, 28/02/1943. *Pront. 1647- Delegacia de Piraju.* DEOPS/SP, DAESP.

1- Os japoneses não podem se reunir e conversar em Japonês
2- Não podem fazer exercício e ginástica de qualquer espécie
3- Não podem possuir ou ouvir rádio
4- Não podem viajar dentro do município a não ser acompanhados de brasileiros de confiança que os fiscalize e mediante licença do inspector de quarteirão do seu bairro
5- Não podem residir no meio de mato ou de capoeira
6- Não podem possuir arma de fogo de qualquer espécie
7- Não podem possuir terrenos, que pela sua localização e planura ou configuração possam servir para campo de aviação
8- Não podem ter com eles livros, máquinas fotográficas ou documentos em japonês
9- Não podem residir próximo às pontes, usinas ou fontes de água potável e de serventia da população
10- Os matos, plantações e terrenos de japoneses devem ser examinados por caboclos de confiança, para a averiguação de armas interradas ou escondidas por eles embrulhos, sacos ou caixas suspeitas.[81]

As "severas mas necessárias" medidas expõem a contradição e a adversidade existente entre o imaginário de perigos nacionais e as medidas policiais de repressão. O estado de alerta sustentado pelo Estado propondo "guerra" a um inimigo comum e a força da imprensa conservadora atuante enquanto instrumento de divulgação do ideário oficial reforçavam estigmas vigentes no nível da mentalidade coletiva.

As medidas acionadas contra os japoneses evidenciam que a polícia, seguindo as ordens superiores, penetrava e atuava procurando determinar os comportamentos culturais, sociais e políticos dos japoneses residentes no Estado de São Paulo. Impondo o controle sobre a *comunicação* (reuniões, rádio), *a circulação* (viagens), *a localização* (residências, terrenos) e *a defesa* (armas de fogo, exercícios) dos japoneses, o DEOPS, estrategicamente, objetivava prevenir a radicalização cultural, a formação de quistos, a fortificação dos inimigos, a circulação das suas idéias, e outros fatores que colocassem em risco a ordem pública e a formação da identidade brasileira. Privados de manifestações físicas, morais, sociais, políticas e culturais, os japoneses foram reprimidos severamente em seu cotidiano. Tolhidos de

---

[81] Artigo de jornal. Fonte não identificada, (data provável 1941/1942). *Pront. 552 - Delegacia Regional de Bauru,* vol. 2. DEOPS/SP, DAESP.

expressarem suas individualidades histórico-culturais, foram considerados criminosos, sendo seus atos passíveis de punições, sem limites.

O fato da ação policial ser divulgada via imprensa extrapola as fronteiras da burocracia policialesca: invadia-se o cotidiano de cada cidadão, incitando-o a ser, também, um agente de vigilância. O controle policial, dessa forma, apropriava-se do imaginário coletivo povoado de "prováveis inimigos objetivos", ainda que fantásticos. Este universo de representações era alimentado por artigos nacionalistas e xenófobos publicados pela imprensa, pelos discursos proferidos na *Hora do Brasil* e pelas imagens fotográficas. Uma pseudo-realidade revolucionária era "construída", garantindo a sobrevivência de imagens mentais manipuladas pelos meios de comunicação, entre os quais o rádio e o jornal.

Neste mesmo contexto – de doutrinação e repressão – vale a pena avaliar o papel representado pela fotografia, que, em diferentes momentos, funcionou como prova do crime político e como forma de identificação do criminoso. Segundo Boris Kossoy, toda fotografia tem sua origem a partir do desejo de um indivíduo que se viu motivado a congelar em imagem um aspecto dado do real, em determinado lugar e época.[82] Certamente, as imagens produzidas pela polícia atendiam ao objetivo controlador e excludente do regime vigente. Essa imagem é o que resta do acontecimento de uma realidade passada, informação maior de vida e de morte que caracterizou a intromissão de um certo fotógrafo num instante do "tempo revolucionário". No caso, possuímos sim um fragmento do passado, uma realidade que expressa o real momento "montado" pela polícia dedicada a comprovar o crime político, ou seja, um crime por "idéias".

A imagem, que hoje nos serve como documento de um passado particular, funcionava como prova de um crime que nem sempre foi real. A fotografia confirmava a suspeita policial com base nas versões criadas própria pela polícia. Em muitos casos, a foto confiscada expressa um fato real, sem interferência policial. Mas, ao ser anexada aos autos, era acompanhada de legendas e comentários carregados de falsos conceitos. A imagem, portanto, não se tornava puramente um fragmento congelado do passado, mas um "fato policial" que comprovava, visualmente, a existência de um "inimigo objetivo". Portanto, como afirmou Kossoy:

---

[82] KOSSOY, 1989, p. 23.

"A fotografia é, assim, um duplo testemunho: por aquilo que ela mostra da cena passada, irreversível, ali congelada fragmentariamente, e por aquilo que nos informa acerca de seu autor".[83]

Mais do que um documento ilustrado, as fotografias encontradas nos prontuários das delegacias das cidades do interior expressam a ação policial sobre a população paulista sujeita ao olhar vigilante das autoridades. Uma série de fotos anexadas ao prontuário da Delegacia de Jundiaí[84] "representando" uma ação nazista na cidade evidencia a suspeita policial de uma intensa movimentação de alemães na cidade, dedicados a pregar idéias extremistas e que deveriam ser reprimidas. Os registros fotográficos *in loco* expressam a montagem policial destinada a reunir objetos como fotos de imperadores (conceito de "Súdito"), mapas, rádios, câmaras fotográficas (espionagem), armamentos (perigo militar) e bandeira (antinacionalismo).

Os objetos eram cuidadosamente escolhidos de forma a comprovar a "subversão" ou o ato de espionagem, no caso, dos imigrantes "Súditos do Eixo". Estas fotografias representam, sobretudo, a construção de uma cena registrada sob o prisma do "olhar policial", confirmando a veracidade do crime político (re)dimensionado pelo contexto da guerra.

Por último, vale ressaltar que a repressão policial aos "Súditos do Eixo" ultrapassou e persistiu mesmo no pós-guerra. A nacionalidade mais visada no interior do Estado foi a japonesa, conforme constatamos em uma investigação realizada na cidade de Cafelândia:

> Fomos encontrar por exemplo em Promissão e Avanhandava, núcleos que por estarem ainda no seu período de organização reuniam, os seus primeiros elementos (...) eis que sobre o assunto ainda não sabemos das atividades das outras delegacias, ressalte-se que todos os crimes perpetrados nas várias cidades paulistas o foram por elementos pertencentes a filial aqui instalada. As deligências policiais com a prisão, em flagrante, dos 5 ' tokotai' autores dos crimes verificados no dia 18 de julho, nesta cidade estávamos de posse de material indispensável, o qual, depois de trabalhado, iria nos possibilitar o desmantelamento da nefanda organização não só neste município

---

[83] Ibidem, p. 33.

[84] *Pront. 581- Delegacia de Jundiaí.* vol. 1. DEOPS/SP, DAESP.

Objetos confiscados dos "Súditos do Eixo" residentes no Município de Jundiaí (SP). Laboratório Técnico de Fotografia do Gabinete de Investigações. *Pront. 581 - Delegacia de Jundiaí.* vol. 1. DEOPS/SP, DAESP.

Objetos confiscados dos "Súditos do Eixo" residentes no Município de Jundiaí (SP). Laboratório Técnico de Fotografia do Gabinete de Investigações. *Pront. 581 - Delegacia de Jundiaí.* vol. 1. DEOPS/SP, DAESP.

> como nos de Promissão e Avanhandava, com a prisão por nos efetuada dos seus principais chefes e organizadores. De início não nos foi possível obter deles senão a plena confissão da autoria dos aludidos acontecimentos...- só posteriormente, com a mudança completa do método que então empregávamos para os interrogar, pudemos obter resultados mais práticos e compensadores. Apontados os nomes dos chefes e estabelecimeda digo estabelecida a identidade da organização, começou a caça inexorável a todos os elementos a ela pertencentes.[85]

Percebe-se o caráter cuidadoso e preventivo da polícia que tinha como alvo os estrangeiros, avaliados, prematuramente, como um "grupo ainda em formação". Neste caso de Cafelândia, tratava-se do grupo Shindô-Renmei, grupo que não acreditava que o Japão havia sido derrotado na guerra. A "metodologia" policial dedicada a controlar nipônicos residentes no interior do Estado infringiu os direitos de cidadania ao generalizar as acusações e punir inocentes. Ressalto, principalmente, o trecho "de início não nos foi possível obter deles (...) só posteriormente, com a mudança completa do método que então empregávamos para interrogar, pudemos obter resultados mais práticos e compensadores (...)". Verificamos que a ação policial contra o grupo da Shindô-Renmei persistiu após o término da II Guerra.[86] Fatos como estes contradizem o processo de redemocratização presente nos discursos políticos que, após o Estado Novo, exaltavam o início de uma nova era para o Brasil. No entanto, o aparato repressor que servia a ditadura Vargas não foi desativado; pelo contrário, guardou suas experiências para servir a ditadura militar instaurada em 1964.

---

[85] Relatório de Nelson Lutão, delegado de Cafelândia para o Delegado Auxiliar da 3ª Divisão Policial de São Paulo. Cafelândia, Delegacia de Cafelândia, 13/09/1946. *Pront. 4989 - Delegacia de Garça.* DEOPS/SP, DAESP.

[86] Sobre a *Shindô-Remnei,* ver: DEZEM, 2000.

O "PERIGO" VERDE: OS INTEGRALISTAS NO INTERIOR

Como definiu Marilena Chauí, o integralismo exerceu sua ação no Brasil sob três formas: desenvolvendo intenso esforço cultural, através de cursos, conferências, centro de pesquisas e de estudos dos problemas nacionais e humanos; organizando-se no sentido de uma maior eficiência de um magistério moral e cívico de preparação de juventude e de um ministério social, visando uma ampla assistência às classes populares; instruindo o povo brasileiro acerca do que lhe convém saber sobre sua tradição, suas realidades e possibilidades de um futuro melhor. Esta doutrinação o que se fazia por meio de jornais, revistas, comícios urbanos e penetração dos oradores nos campos e pequenas cidades do interior.[87]

A partir deste plano de ação do movimento integralista, constatamos a presença evidente desse grupo nas cidades do interior do Estado de São Paulo. No entanto, destacamos que a movimentação integralista só foi registrada pelas autoridades policiais, sobretudo, no ano de 1938. Percebe-se, na verdade, a intensificação da perseguição a este grupo somente após 1938, como conseqüência da tentativa de golpe contra Vargas. Vale ressaltar que o silêncio, muitas vezes, anterior a esse período não quer dizer que o "credo verde" não estava sendo pregado e que seus ativistas estavam inativos. É antes de tudo expressão de que o ideário fascista, endossado pelos integralistas, não incomodava as autoridades oficiais que tinham o regime nazi-fascista como um paradigma de civilização. Podemos constatar este fato na cidade de Piracicaba (SP), cujo prontuário da delegacia local não registrou como suspeito nenhum ato integralista. No entanto, os jornais

[87] CHAUÍ, 1978, p. 47.

da cidade confirmam em 1936 que os ativistas do "credo verde" se reuniam periodicamente em seu núcleo local. [88]

Não apenas em Piracicaba, mas em outras localidades, constatamos a ação integralista entre 1933 e 1937. Os registros policiais, além de sugerirem a presença do Sigma no interior do Estado de São Paulo desde 1933, também expressam o olhar vigilante da polícia sobre suas atividades, ainda que distante. Em Jaboticabal (SP), por exemplo, em 1934, os integralistas estavam em constantes atividades, inclusive com a presença marcante de um dos seus principais líderes, o intelectual Gustavo Barroso. A polícia preocupou-se em agir de forma eficiente, mas sem reprimir os manifestantes. O tom é mais de "manutenção da ordem pública" para garantir a realização do ato do que de repressão:

> Estando marcada para dia 8 do corrente uma grande concentração integralista nesta cidade, com o comparecimento de todos os chefes, inclusive o Sr. Dr. Gustavo Barroso, que irão realizar uma conferência num dos theatros, venho solicitar o auxílio dessa delegacia no sentido de determinar a vinda de 3 ou 4 inspectores, até o dia 7 do corrente, pois só assim ficará esta delegacia melhor aparelhada para proceder a um policiamento mais eficiente.[89]

Indagamos se havia um certo sentimento de prevenção policial contra a manifestação integralista. Em outras localidades como Araçatuba (SP), por exemplo, a ação preventiva da polícia era direcionada aos comunistas, uma vez que estes atacavam os integralistas, os quais, constantemente, reclamavam dos insultos provocados pelos "seguidores de Moscou". Por esse motivo, a lógica policial preventiva verificada nesse período seria para assegurar a ordem contra supostas manifestações comunistas que uma reunião integralista pudesse suscitar e não para conter ou reprimir a ação dos ativistas do Sigma. Vale contudo assinalar que era responsabilidade do DEOPS conter qualquer tipo de ação política. De forma direta ou indireta, o enfrentamento entre integralistas e comunistas (decorrente do embate entre extrema direita e esquerda), colaborava para atiçar a vigilância policial sobre ambos os grupos. Como foco do olhar

[88] *Jornal de Piracicaba*, 15/02/1936, p. 10.

[89] Ofício do Delegado de Jaboticabal para o Delegado de Ordem Política e Social. Delegacia de Jaboticabal. Jaboticabal, 4/12/1934. *Pront. 3357 - Delegacia de Jaboticabal.* DEOPS/SP, DAESP.

autoritário estava a trama das relações pessoais, cujo desvendamento contribuía para a identificação de comportamentos suspeitos.

Assim, constatamos na cidade de Rio Claro (SP), em 1933, um caso *sui generis* que nos sugere o modo pelo qual se processava a lógica policial acerca dos discípulos do "credo verde". Preocupados em definir o perfil político de Pimentel de Oliveira, o delegado buscava detectar o uso de "expressões comprometedoras":

> ...cumpre-me dizer-vos que, como, da vez anterior, agora nada constatei de visu, em virtude daquelle senhor, interrompendo um seu hábito, como me foi confirmado, este Domingo, absteve-se de discursar de uma das sacadas da Ação Integralista – núcleo de Rio Claro– de que é seu presidente.
> Colhendo informações a seu respeito soube que o mesmo é moço intelligente e algo culto, com boas relações na sociedade rioclarense, em cuja imprensa collabora. Ninguém se referiu a expressões comunistas que, por ventura, haja proferido nos seus freqüentes discursos, sendo geral a informação de que elle prega se integralismo.[90]

Através deste texto, percebemos que havia um certo apoio "logístico" aos seguidores do Sigma, que, às vistas da repressão, era símbolo de inteligência e cultura. As idéias do Sigma pareciam agradar não só às autoridades locais como também à sociedade rio clarense. A propaganda desse credo era garantida pelo do apoio da imprensa local, facilitando o programa de doutrinação integralista que visava promover de imediato uma "revolução espiritual". Vale ressaltar que a investigação sobre Pimentel deu continuidade à suspeita policial de que este cidadão se tratava de um comunista. No entanto, Pimentel livrou-se da acusação por se apresentar publicamente como seguidor do fascismo e não das idéias de Moscou. A confirmação do seu "bom caráter integralista" veio de parte da população local que, como tudo indica, apoiava tal ideologia. Elogios ao indivíduo garantiram a retirada da acusação.

No entanto, a polícia manteve-se inquieta frente ao provável caráter "perigoso" de Pimentel, que, após novas investigações, demonstrou manter íntimas relações com o meio operário ferroviário. A suspeita de que

---

[90] Informe para Costa Ferreira, delegado de Ordem Social. Gabinete de Investigações. São Paulo, 9/10/1933, fl.3, doc. 3. *Pront. 71 - Delegacia de Rio Claro*. DEOPS/SP, DAESP.

Pimentel pudesse ser potencialmente favorável a orientar, coordenar e agitar um movimento social tanto de direita como de esquerda prestou-se como argumento para uma urgente ação preventiva contra ele. A constatação de líderes ou de ativistas políticos reconhecidos pela massa operária sempre incomodava, se avaliados sobre o prisma da "doutrinação subversiva". A historiografia contemporânea já comprovou que interessava ao governo Vargas "domesticar" os trabalhadores, mantê-los submissos, apáticos e despolitizados. [91]

A evidência de que os integralistas estivessem infiltrados no meio operário ferroviário, onde os comunistas também possuíam seu espaço de ação doutrinária, suscita complexidades nesta relação que sempre fora conflituosa. Verificamos que a ação integralista em 1933 na cidade de São Carlos (SP) se fazia presente entre os ferroviários da Cia. Paulista, que tiveram a oportunidade de ouvir e aplaudir as pregações de seus representantes. Segundo relato policial, os integralistas – devidamente fardados – não perturbavam a ordem:

> O orador official da Delegação do Syndicato da Cia Paulista aquella localidade, é integralista.
> Compareceram a dita reunião muitos adeptos desse credo político, devidamente fardados a maioria deles era de ferroviários.
> Não houve, assim, a pertubação de ordem que se previa de início.
> (....)No plenário foi aclamado uma comissão para ir ao Rio, tratar da reforma da lei alludida (Lei das Caixas de Pensões) e criação do Regulamento (do Trabalho Ferroviário), comissão essa que foi composto por Jurandyr Bueno (da Noroeste), João Soares Pinheiros (da Paulista) e José Antunes de Oliveira da S.P.R.[92]

Esse documento é, de certa forma, intrigante, e evidencia o envolvimento dos ferroviários com os partidários da direita; isto em uma época em que o antifascismo ainda não era tão explícito. No entanto, qualquer ligação entre integralistas e comunistas é incoerente. No caso de Pimentel, as interpretações confusas ou sinuosas são relevantes, mas no caso de um movimento que envolvia comunistas como João Pinheiros,

---

[91] SILVA, 1990.

[92] Informe de Rubens para a Delegacia de Ordem Política Social. São Paulo, 19/12/1933. *Pront. 2347 - João Soares Pinheiros.* DEOPS/SP, DAESP.

Nuncio Soares e outros, as conclusões tornam-se inexpressivas. Consideramos que essa "dupla postura ideológica" – fato constatado em outros dois relatos datados de 1933, em Rio Claro (SP) e São Carlos (SP) – era impossível, ainda que houvesse uma relação de amizade entre os distintos adeptos. Consideramos possível tratar-se de uma estratégia empregada pelos comunistas, que estariam tentando se confundir com os integralistas, uma vez que eles tinham livre circulação. Fica aqui, no entanto, um enigma para futuras investidas historiográficas.

As relações entre comunistas e integralistas paulistas sempre foram avaliadas frente a um clima de tensões ideológicas. No período de 1935, principalmente, constatamos a grande ofensiva dos grupos de esquerda sobre o fascismo internacional e o integralismo no Brasil. Nesse momento, portanto, observamos a intensificação dos conflitos entre as duas tendências ideológicas: comunismo X integralismo.

Em Franca (SP) registrou-se um ataque integralista contra os comunistas e os judeus residentes na cidade. Em Xavantes (SP), constatamos a intervenção de Caio Prado Júnior junto ao Secretário da Segurança Pública, pedindo o fim da opressão à ANL da cidade por parte de integralistas e fazendeiros. Solicitou a interferência junto ao delegado, classificando os integralistas de "inimigos disfarçados do Brasil".[93] O embate entre as partes se fazia, principalmente, por meio de boletins. Conferimos, por exemplo, na cidade de Araçatuba (SP) um relatório policial sobre boletins comunistas, cujos conteúdos eram abertamente contra o integralismo. Na cidade de Casa Branca (SP), por sua vez, a produção de boletins integralistas era realizada com o propósito de criticar os comunistas.

Segundo informações policiais, o primeiro conjunto de boletins apreendidos havia sido espalhado por um integralista, fingindo-se de comunista. E a distribuição do segundo, seis dias depois, veio como estratégia integralista com o objetivo de alertar as autoridades policiais para perigo comunista.[94] A ação propagandista era dupla, pois visava a

---

[93] Carta de Caio Prado Junior, presidente da ANL de São Paulo, para o Secretário da Segurança Pública. Aliança Nacional Libertadora. São Paulo, 13/06/1935, fl. 22. *Pront. 340 - Delegacia de Xavantes*. DEOPS/SP, DAESP.

[94] Relatório de Investigação para o Superintendente de Ordem Política e Social. Casa Branca, 27/08/1935. *Pront. 2055 - Delegacia Regional de Casa Branca*. DEOPS/SP, DAESP.

divulgação das idéias do partido e o combate ao inimigo, fatos evidentes entre 1935 e 1938.

De acordo com estudos de autoria de Marilena Chauí, o discurso integralista tinha a peculiaridade de operar com imagens e de trabalhar com conceitos. Essa operação dá aos textos, mesmo quando as pretensões são teóricas, um tom bombástico. Segundo Chauí, o discurso opera de três maneiras: por simples justaposição de imagens, por transformação de um conceito em uma imagem e, enfim, por associações livres de imagens. É sobre a base desta operação que vamos encontrar a própria imagem do pensamento integrado. Digamos que a própria imagem do Integralismo orientava as operações do discurso, no qual o trabalho de síntese era substituído pelo sincretismo da justaposição ou da associação imaginária.

O uso das imagens, além de permitir uma ordenação do real sem transformar as aparências, de evitar o trabalho da reflexão que solapava as evidências imediatas e de contar com o apoio confirmador dos "fatos", também outorga identidade ao destinatário. Conseqüentemente, as imagens vinculadas pelo discurso passam a ter força persuasiva e até mesmo constrangedora. Abolindo a distância entre o mundo e o discurso, as imagens soldam o real e a palavra fazendo com que o primeiro se organize de acordo com os parâmetros da segunda, que se torna, então, organizadora da realidade e da ação. Cria-se no destinatário não só a idéia de agir, como também o convence de que aqueles que proferem o discurso podem ser os condutores da ação.[95]

Através dos conteúdos dos boletins, percebemos o jogo das imagens sobre o "inimigo objetivo", do "perigo" universal centrado na figura do comunismo. A utilização de alguns conceitos figurados em palavras como positivismo, maçonaria e imperialismo estrangeiro expressa, na verdade, as figuras de combate do Integralismo. A estratégia de doutrinação do Integralismo somada à criação ideológica nacional articularam um poderoso campo de batalha contra o movimento comunista no Brasil.

Muitas vezes, a própria imprensa local funcionava como veículo para que o ideário integralista se tornasse público. Na cidade de Marília, o jornal *Diário de Marília* chegou a publicar os seguintes elogios ao Sigma, opositor público à "lama bolchevista":

[95] CHAUÍ, op. cit., p. 40.

ANAUÊ!

SECÇÃO DE PROPAGANDA DA "ACÇÃO NACIONAL INTEGRALISTA" NUCLEO MUNICIPAL DE CASA BRANCA A' RUA CEL. JOSE' JULIO.

O INTEGRALISMO:—quer uma patria forte, bellicosa, militarisada, incorporando mulheres, creanças, enfim, o lar, no regimem corporativista, ou seja, de corpos armados.

Com o advento do "INTEGRALISMO" no Brasil, deixará de existir o livre pensamento, a maçonaria, o protestantismo, o positivismo, o espiritismo e outras artes do demonio, tendo um unico chefe na terra: — O Papa.

Com o INTEGRALISMO, teremos justiça "barata", instrucção gratuita, lei do menor esforço e felicidade completa sob as vistas do nosso pai espiritual: D. Sebastião Leme.

O INTEGRALISMO reconhecerá na s. s. Pio XI, a 4.ª pessoa da Santissima Trindade e deseja um Brasil sob as vistas de Roma, a cidade das 7 collinas, a futura capital do mundo.

O INTEGRALISMO luctará para que se acabe os impostos pezadissimos que infelicitam o povo brasileiro, propugnando somente para que cada cidadão contribua com um pequeno obulo para a cadeira de S. Pedro, no vaticano.

O INTEGRALISMO defenderá com todo o seu prestigio nacionalisador o interesse dos banqueiros de Wall Street e da City, dos capitaes extrangeiros no Brasil, procurando maior incursão dos mesmos em nossa terra, de maneira que possamos sempre ficar sob a dependencia das raças superiores teutonicas ou saxonias.

O INTEGRALISMO, combaterá por todos os meios o communismo, que dentro de uma forma utopica deseja uma moral bellissima na familia brasileira.

O INTEGRALISMO apresenta como "numero" de sensação o "illuminado" Plinio Salgado, o grande instrumento do clero e do imperialismo extrangeiro.

Cerrai fileiras em torno do "sigma"! Ingressai nos bandos integralistas! Fortificae a "Acção Nacional Integralista", reconhecendo Deus no céu, o Papa na terra e D. Sebastião Leme no Brasil!

COMBATEMOS O ESPIRITO DO SECULO.

Boletim integralista produzido pelo núcleo do Município de Casa Branca (SP), s/d. *Pront. 2055 - Delegacia Regional de Casa Branca.* DEOPS/SP, DAESP.

Ação Integralista Brasileira

(Núcleo de Casa Branca)

De ontem para hoje, foi distribuído, nesta cidade, um boletim como sendo da secção de propaganda do nosso núcleo.

Declaramos que essa publicação não contém as idéias por que nos batemos, sendo ela covarde mistificação dos nossos inimigos—OS COMUNISTAS.

Em tempo, daremos vasta divulgação das nossas diretrizes, provando cabalmente serem mentirosas as afirmações da referida publicação.

Quem se interessar pelo Integralismo, poderá, livremente, assistir às nossas reüniões, às terças e sextas-feiras, na sede do Núcleo e, por certo, levará a convicção profunda de quais sejam os nossos verdadeiros postulados.

Outrossim, declaramos que qualquer publicação nossa será assinada pelo Chefe Municipal ou por um dos seus secretários, pois que costumamos assumir a responsabilidade do que prègamos : — O ANONIMATO NOS REPUGNA !

Casa Branca, 22 de agôsto de 1935.

Henrique G. Midon — Chefe Municipal
Marina Midon — Chefe do Departamento Feminino.
João Carvalho Nogueira — Secretário de Organização Política.
Ademar N. Figueiredo — Secretário de Finanças.
Névio Beni — Secretário de Cultura Artística.
Olímpio Souza Andrade — Secretário de Propaganda.
Tomaz C. Mascaro — Secretário de Estudos.
Ewerton Ferreira — Secretário de Educação.

Boletim integralista produzido pelo núcleo do Município de Casa Branca (SP), 1935. *Pront. 2055 - Delegacia Regional de Casa Branca.* DEOPS/SP, DAESP.

Chefe Municipal Integralista de Marília
Sentimos não estar presentes oppormos juntos bandeira verde a onda de lama bolchevista pretendeu solapar encantadora cidade de Marília e vosso próspero núcleo.
Souza Castro (chefe Municipal Cafelândia)[96]

Em 1935, no auge do conflito entre esquerda e extrema direita brasileira, o Integralismo, ainda que agindo legalmente, se utilizava da imprensa local para "construir" a imagem do mal dos movimentos aliancistas. Em nome de uma "encantadora" cidade paulista, o Sigma, articulado com os núcleos das AIBs regionais, propagava seus ideais anticomunistas. Fato esse que reafirma o cenário de conflitos político-ideológicos antes da decretação do Estado Novo.

No entanto, se até 1937 o Integralismo apareceu apenas nos registros policiais enquanto grupo de enfrentamento ao comunismo, a partir dessa data a batalha muda de figura e o conflito passa a ser com a polícia. Avaliado como "força política em crescimento", o Integralismo tornou-se foco do controle policial, dedicado a expurgar aqueles que tivessem qualquer tipo de relação com a AIB, então na ilegalidade. A polícia listava os filiados de cada localidade e os detinha sem maiores conseqüências. Raramente esses casos culminaram em inquéritos policiais. Dentre os filiados à AIB fichados pelo DEOPS encontramos os seguintes cidadãos: João Maximiniano Artuzo (Palmital),[97] João Soares Oliveira (Palmital),[98] João Ritzel (Palmital),[99] João Prado Garcia (Franca),[100] Amparo Garcia (Pindorama),[101] Godofredo Pignatário (Rio Claro),[102] Cândido Alves de Oliveira (Sertãozinho),[103] José Zacarias de Lima (Monte Alto),[104] Jurandyr Bueno (Bauru),[105] Domingos Francisco Alves (Palmital),[106]

---

[96] Artigo integralista (sem identificação). In: *Diário Paulista*. Marília, 5/07/1935. *Pront. 5268 - Aliança Nacional Libertadora de Marília*. DEOPS/SP, DAESP.
[97] *Pront. 73567 - João Maximiniano Artuzo*. DEOPS/SP, DAESP.
[98] *Pront. 73551 - João Soares Oliveira*. DEOPS/SP, DAESP.
[99] *Pront. 73708 - João Ritzel*. DEOPS/SP, DAESP.
[100] *Pront. 86518 - João Prado Garcia*. DEOPS/SP, DAESP.
[101] *Pront. 2618 - Amparo Garcia*. DEOPS/SP, DAESP.
[102] *Pront. 17587 - Godofredo Pignatário ou Pignatário Godofredo*. DEOPS/SP, DAESP.
[103] *Pront. 84079 - Cândido Alves de Oliveira*. DEOPS/SP, DAESP.
[104] *Pront. 41348 - José Zacarias de Lima*. DEOPS/SP, DAESP.
[105] *Pront. 81177 - Jurandyr Bueno*. DEOPS/SP, DAESP.
[106] *Pront. 69849 - Domingos Francisco Alves*. DEOPS/SP, DAESP.

Domingos Vizioli (Tatuí),[107] Moupyr Monteiro (Itapetininga),[108] João Batista de Aquino (Agudos)[109] e João Pimenta de Castro (Araraquara).[110]

Entre as cidades paulistas do interior, a polícia considerou a cidade de Bauru, na zona noroeste, como sendo a localidade de maior ação dos seguidores do Sigma. Mas foi somente a partir de 1938 é que as sedes da AIB em funcionamento no interior paulista foram fechadas, segundo portaria emitida pela Secretaria de Segurança Pública em 26 de março de 1938. Essa portaria – impressa e distribuída em todas as delegacias regionais do Estado de São Paulo – ditava as diretrizes de ação a serem cumpridas pelos delegados brasileiros:

> Attendendo-se às últimas ocorrências da capital da República, onde se verificou uma grande articulação para subverter a ordem pública, articulação essa encabeçada pelos chefes da extincta Ação Integralista Brasileira, determino ao sr. Superintendente de Ordem Política e Social providências no sentido de serem levadas a efeito rigorosas buscas nos núcleos integralistas da capital e do interior, apprehendendo-se todo o material de propaganda do sigma, como sejam livros, revistas, boletins, archivo e fichário que alli forem encontrados. A superintendência deverá proibir a incineração immediata de tudo o que fôr apprenhendido, expeção feitas dos livros, que deverão constar dos autos respectivos, depois do que serão relacionados minunciosamente e depositados. Cumpra-se. São Paulo, 26 de março de 1938. O Secretário da Segurança Pública, Dulcídeo Cardoso. [111]

Seguindo ordens superiores, diversos locais foram fechados pelas delegacias do interior paulista. Todo material suspeito encontrado foi registrado, principalmente aquele que identificava filiados políticos com destaque para os líderes locais. Em Araraquara, por exemplo, na sede da AIB, dirigida por José Angrisani e localizada na Rua Gonçalvez Dias, 18, a polícia apreendeu 100 revistas intituladas *Panorâma*, 120 livros *Plínio*

---

[107] *Pront. 79850 - Domingos Vizioli.* DEOPS/SP, DAESP.

[108] *Pront. 319 - Moupyr Monteiro.* DEOPS/SP, DAESP.

[109] *Pront. 44920 - João Batista de Aquino.* DEOPS/SP, DAESP.

[110] *Pront. 6845 - João Pimenta de Castro.* DEOPS/SP, DAESP.

[111] Ofício do Delegado de Ordem Política Social para o Delegado Regional de Araraquara. São Paulo, 28/03/1938. *Pront. 70001 - Ação Integralista Brasileira de Araraquara.* DEOPS/SP, DAESP.

Salgado – Palavras Novas dos Tempos Novos, 60 *ABC do Integralismo*, 3 exemplares de *Integralismo ao Alcance de Todos* e 10 revistas *Guarany.* Para a polícia, qualquer registro dessa categoria era prova concreta de que a ordem estava em perigo. Portanto, após 1938, apreender publicações que comprovassem o ideário integralista representava a tentativa de contenção e controle da propagação dos ideais do Sigma que, até então, não haviam incomodado o governo.[112]

Além da vigilância aos espaços instituídos como centros de ativismo integralista, as autoridades identificaram pontos de encontros camuflados dos "camisas verdes". Na cidade de Bauru, observamos, por exemplo, uma casa de *Representações e Importações* que armazenava armas para os integralistas distribuírem pelas cidades do interior. Na cidade de Assis, a polícia registrou reuniões integralistas na sede da *Congregação Mariana* local. Em Rio Claro, a ação clandestina do Integralismo foi identificada junto à *Sociedade Italiana Fascista,* dirigida por Godofredo Pignatário. Com base nestes registros é possível afirmarmos que o integralismo recebia apoio de diversos segmentos sociais, ainda que na ilegalidade. As idéias do Sigma facilitavam, até por uma questão de identidade ideológica, a colaboração entre distintos segmentos da extrema direita católica e fascista. Esse fato abre evidências das bases sociais de apoio ao movimento integralista, que manteve suas forças mesmo após a repressão pública do governo Vargas.

A perseguição aos integralistas enquanto inimigos do Estado mudou de caráter nos anos de 1942 e 1943, momento em que Vargas foi pressionado a assumir sua posição contrária ao nazi-fascismo. A partir desse marco, inúmeros fascistas italianos, cujo passado político está ligado ao integralismo, foram acusados de serem colaboradores do Eixo não apenas como prova de ilegalidade partidária. Em 1942, a Delegacia Regional de Araraquara registrou a dupla acusação a João Pimenta de Castro: de ser um dos chefes integralistas do núcleo municipal da AIB, então na ilegalidade, e de ser um antinacionalista.

> ...ainda continua propagando suas doutrinas extremistas sustentadas por aquele ex-partido. E o que é mais doloroso é que sendo esse acusado

[112] Vale ressaltar que, entre 1932 e 1937, os integralistas publicaram mais de 101 títulos sobre diversos temas em importantes editoras brasileiras, entre elas: Civilização Brasileira, Jornal do Comércio, Gazeta dos Municípios, Minerva, ABC, J. Olympio e Schmidt.

> um funcionário público federal, recebendo, como recebe, vencimentos dos cofres públicos do paiz, não se nega de atacar as altas autoridades do país em que nasceu, porém, que não sabe amá-lo como brasileiro.[113]

Este relato do delegado de Araraquara frente às atitudes de João Pimenta nos comprova que, a partir de 1942, uma postura antifascista marcou a ação policial movida por pressões internacionais.[114] Temos que considerar que, com a entrada do Brasil na guerra ao lado dos Aliados, alterou-se a eqüidistância pragmática frente aos Estados Unidos, então líder das ações democráticas na América.

A personalidade do indivíduo acusado de ser integralista foi, ao longo do tempo, tornando-se "indesejável", sendo julgada como inconveniente às autoridades governamentais. João Pimenta, por exemplo, de verdadeiro brasileiro, aproximou-se da categoria de *meio estrangeiro,* influência esta decorrente do contexto da guerra. Os relatórios policiais demonstram que os delegados procuravam identificar o suspeito com os países do Eixo, razão pela qual João Pimenta, que já era integralista, tornou-se inimigo central do governo e da polícia no decorrer do conflito mundial. Segundo o delegado, Pimenta não se continha em:

> ...criticar, enxovalhar, menospresando as diretrizes assumidas pelos altos dirigentes da nação, mesmo com referência ao gravíssimo momento em que atravessamos, em virtude do conflito mundial em relação ao qual o nosso Brasil assumiu uma atitude digna de suas gloriosas tradições, rompendo Relações diplomáticas e comerciais com Paízes Totalitários, dos quais é o Bel. Pimenta de Castro fervoroso e intransigente defensor.[115]

---

[113] Relatório do Delegado Regional de Araraquara para o Presidente do Egregio Tribunal de Segurança Nacional. Delegacia Regional de Araraquara. Araraquara, 23/06/1942. *Pront. 6845 - João Pimenta de Castro.* DEOPS/SP, DAESP.

[114] Apesar das associações e as organizações de esquerda que, diante das mudanças conjunturais da política externa brasileira intensificaram sua campanha contra o fascismo, o DEOPS continuava vigiando, controlando e reprimindo os movimentos de esquerda favoráveis à democratização do país. Este fato que caracteriza o caráter extremamente ambíguo do governo Vargas durante a guerra.

[115] Relatório do Delegado Regional de Araraquara para o Presidente do Egregio Tribunal de Segurança Nacional. Delegacia Regional de Araraquara. Araraquara, 23/06/1942. *Pront. 6845 - João Pimenta de Castro.* DEOPS/SP, DAESP.

Diante do caso de Pimenta e de outros similares, consideramos que a repressão contra os "camisas verdes" alterou-se ainda mais durante a guerra, quando estes foram avaliados como íntimos do ideário nazi-fascista. A detenção de Pimenta em 25 de junho de 1942 foi realizada sob a acusação de que ele era um declarado inimigo nacional. João Pimenta não perdeu a oportunidade de acusar o delegado regional de Araraquara, Raimundo Álvaro Meneses, de tê-lo brutalmente "axovalhado" numa explosão de ódio: "... xingou todos os ex-integralistas, de 'filhos da puta', usando ainda outros termos infames".[116]

O delegado Raimundo Menezes, ainda que autoridade vigilante do Estado, defendeu-se das acusações de João Pimenta, reafirmando que: "João Pimenta de Castro é tido nesta cidade, pela população em geral, como fanático pelo integralismo, que não perde a oportunidade de propagar suas idéias extremistas; (...) toda vês que esta Regional detem qualquer elemento do extincto partido integralista, procuram embaraçar a ação policial".[117]

Apesar de ter afirmado que não coagia os declarantes, que costumava esclarecê-los sobre o inquérito, jurar não usar palavrões e nem sair do alto espírito de justiça e brasilidade, o delegado Menezes foi mesmo assim intimado a prestar contas ao seu superior. Essa situação expressa a complexa contradição policial frente às repressões contra os integralistas. É fato que, somente a partir de 1938, o Integralismo começou a ser perseguido pela polícia, ainda que de forma branda; repressão essa intensificada em 1942 e 1943 em decorrência do tenso estado de guerra. Se comparada com a repressão aos comunistas, podemos considerar que a polícia continuou a ser conivente com o Integralismo muito mais tempo que a historiografia já registrou. O fato do delegado de Araraquara ter sido obrigado a prestar contas de sua postura anti-integralista à Superintendência de Ordem Política e Social é um caso raro, se não único. Assim mesmo, podemos afirmar que havia uma certa conivência entre policiais e integralistas. Verificamos que, aproximadamente um mês depois das referidas declarações, a

[116] Termo de Declaração de João Pimenta de Castro. Delegacia Regional de Araraquara. Araraquara, 25/06/1942. *Pront. 6845 - João Pimenta de Castro*. DEOPS/SP, DAESP.

[117] Termo de declaração de Raimundo Álvaro de Meneses, delegado Regional de Araraquara. Delegacia Regional de Araraquara. Araraquara, 27/06/1942. *Pront. 6845 - João Pimenta de Castro*. DEOPS/SP, DAESP.

Superintendência de Ordem Política e Social declarou que aqueles integralistas não ofereciam perigo iminente à Segurança Nacional, resolvendo que: "os mesmos aguardem nessa cidade, soltos, o resultado do processo, sem que isto implique no relaxamento das medidas de vigilância aconselháveis".[118]

O fato deste integralista não ter recebido punição imediata expressa o caráter dúbio dos julgamentos dos crimes políticos, que oscilavam de acordo com a postura ideológica do governo e as relações de amizade locais. A imensa teia repressiva articulada entre as múltiplas delegacias do interior e da capital abriu espaço para exceções e para a aplicação de penas brandas e extralegais.

O ideário do governo Vargas, identificado com o ideário fascista, permitiu que a ação policial fosse conivente com as ações integralistas. Através dos prontuários constatamos que estas atitudes foram comuns antes e depois do Estado Novo. Mesmo durante o período da II Guerra Mundial, a aliança com os EUA não exterminou a índole fascista presente na mentalidade da elite política. Enquanto havia eficácia na repressão aos comunistas, os integralistas careciam de processos criminais, sendo beneficiados com ações ilegais. O fato do alvo de combate estar centrado especialmente nos comunistas, estrangeiros e judeus, permite-nos considerar que a repressão aos movimentos extremistas de direita era mera fachada política.

---

[118] Nota do Major O. França, superintendente de Segurança Política e Social. São Paulo, 3/07/1942. *Pront. 6845 - João Pimenta de Castro*. DEOPS/SP, DAESP.

INVENTÁRIO DOS PRONTUÁRIOS

Prontuário: 2642 **Abdala Buchala**
Vulgo: -
Profissão: Negociante
Nacionalidade: Libanesa/Síria
Naturalidade: El-Barda
Datas-limite: **Inicial:** 10/08/1941 **Final:** 27/04/1948
Síntese: Abdala Buchala residia em Presidente Prudente, onde trabalhava como negociante de combustível. Em 1941, ele e seu irmão Dib Buchala foram acusados de cobrarem altos juros em uma negociação com João Antonio Pereira, morador da mesma cidade e autor da denúncia contra o prontuariado. O caso foi resolvido pelo Tribunal de Segurança Nacional (RJ), o qual incluiu o inquérito na Lei de Economia Popular. Ambos foram soltos em setembro de 1941. Em 1946, foram novamente recolhidos pela Delegacia de Ordem Política e Social para fim de averiguações, sendo liberados dois dias depois.
Palavras-chaves: *Economia Popular*
Libanês
Presidente Prudente (SP)
Sírio
Tribunal de Segurança Nacional

Prontuário: 378 **Abdala Meline**
Vulgo: -
Profissão: Cabo da Força Pública
Nacionalidade: Brasileira

Naturalidade: São Paulo (SP)
Datas-limite: **Inicial:** 12/10/1935 **Final:** 01/09/1939
Síntese: Em 1935, um comunicado do Major Sub-Comandante da Força Pública do Estado de São Paulo para o Delegado de Ordem Política e Social acusou Abdala Melina, cabo telegrafista da Delegacia Regional de Bauru, de manter relações com comunistas, passando informações emanadas do Batalhão de comando e da Delegacia local. Em 1936, o prontuariado foi excluído de sua função por exercer atividades extremistas. Em 1939, Abdala Melina foi identificado pela polícia como sócio da Associação dos Empregados do Comércio em São Paulo. Em seu prontuário ficou registrado que Melina não exercia atividades que desabonassem a lei.
Palavras-chaves: *Associação dos Empregados do Comércio de São Paulo*
Bauru (SP)
Comunismo
Força Pública

Prontuário: 79321 **Abel Martins Filho**
Vulgo: -
Profissão: -
Nacionalidade: -
Naturalidade: -
Datas-limite: **Inicial:** 18/07/1946 **Final:** -
Síntese: Abel Martins Filho foi considerado pela polícia como "comunista perigoso" da cidade e região de Campinas (SP). Seu nome consta em uma lista datada de 18/07/1946.
Palavras-chaves: *Campinas (SP)*
Comunismo

Prontuário: 69984 **Abelardo Pinheiro Guimarães**
Vulgo: -
Profissão: -
Nacionalidade: -
Naturalidade: -
Datas-limite: **Inicial:** 03/09/1937 **Final:** -
Síntese: Em 1937, um relatório policial sobre a região da Alta Sorocabana,

Botucatu-Assis, registrou Abelardo Guimarães como chefe do partido Municipal de Santa Cruz do Rio Pardo e adepto à candidatura de José Américo.

Palavras-chaves: *Assis (SP)*
Botucatu (SP)
Partido Municipal de Santa Cruz do Rio Pardo
Sorocabana

Prontuário: 92309 **Abílio Cardoso Pinto**
Vulgo: -
Profissão: Ferroviário
Nacionalidade: -
Naturalidade: -
Datas-limite: **Inicial:** 23/03/1948 **Final:** -

Síntese: O prontuariado foi registrado como "elemento comunista" da cidade de Itapetininga (SP). Seu nome consta em uma lista na qual a maioria era composta por cidadãos ferroviários considerados comunistas.

Palavras-chaves: *Comunismo*
Ferroviário
Itapetininga (SP)

Prontuário: 83735 **Abílio Ferreira de Souza**
Vulgo: -
Profissão: Lavrador
Nacionalidade: -
Naturalidade: -
Datas-limite: **Inicial:** 08/08/1947 **Final:** -

Síntese: Abílio de Souza foi classificado pela polícia como filiado ao Comitê Democrático Progressita do Partido Comunista do Brasil da região de Araçatuba (SP).

Palavras-chaves: *Araçatuba (SP)*
Comitê Democrático Progressista
Comunismo
Partido Comunista Brasileiro (PCB)

Prontuário: 2426 **Abrahão Maluf**
Vulgo: -
Profissão: Operário
Nacionalidade: Brasileira
Naturalidade: Lençóis Paulista (SP)
Datas-limite: **Inicial:** 08/08/1933 **Final:** 24/04/1954
Síntese: Em 1933, Abrahão Maluf foi considerado pelas autoridades do DEOPS como comunista sendo preso juntamente com Wady Maluf e Luiz Gomes Dias. Em 1934, a polícia relacionou vários comunistas locais citando: Ludovico Olegário, Geraldo Guedes, Issa e Abrahão Maluf. Em 1941, um cidadão com o codinome de João Brasil delatou as atividades de comunistas que estariam acontecendo na cidade de Lençóis Paulista. No mês seguinte, Abrahão Maluf foi indiciado como chefe do extinto PCB de Bauru. Ficou preso durante vinte dias.
Palavras-chaves: *Bauru (SP)*
Comunismo
Delação
Lençóis Paulista (SP)
Partido Comunista Brasileiro (PCB)

Prontuário: 40499 **Ação Integralista Brasileira (AIB)**
Vulgo: -
Profissão: -
Nacionalidade: -
Naturalidade: -
Datas-limite: **Inicial:** 24/10/1935 **Final:** 14/10/1936
Síntese: O DEOPS controlou as atividades integralistas do interior do Estado de São Paulo, centrando a vigilância sobre as cidades de Itapetininga (SP) e Bauru (SP). Sobre a sede da AIB em Itapetininga (SP) apontou diversos conflitos entre os integralistas e os comunistas locais e também controlou os vereadores da AIB eleitos e as visitas de Plínio Salgado à cidade. Bauru (SP) foi classificada como sendo "o núcleo integralista de maior eficiência no Estado de São Paulo".
Palavras-chaves: *Bauru (SP)*
Comunismo

Integralismo
Itapetininga (SP)
Plínio Salgado

Prontuário: 70001 **Ação Integralista de Araraquara (SP)**
Vulgo: -
Profissão: -
Nacionalidade: -
Naturalidade: -
Datas-limite: **Inicial:** 28/03/1938 **Final:** 05/04/1958
Síntese: Em 1938, sob às ordens do secretário da Segurança Pública, o delegado de Araraquara (SP) fechou a instituição e apreendeu vários documentos encontrados na sede da Ação Integralista Brasileira local. Na AIB de Araraquara (SP), cujo o chefe era José Cengrisani, a polícia apreendeu centenas de exemplares de livros intitulados: *Palavras Novas dos Tempos Novos*, de Plínio Salgado, *ABC do Integralismo*, *Integralismo ao Alcance de Todos*; a revista *Panorama*, além de 10 exemplares da revista *Guarany*.
Palavras-chaves: *Ação Integralista Brasileira (AIB)*
Araraquara (SP)
Integralismo
Livro
Revista

Prontuário: 79912 **Achiles Favero**
Vulgo: -
Profissão: -
Nacionalidade: -
Naturalidade: -
Datas-limite: **Inicial:** 09/09/1936 **Final:** -
Síntese: Achiles Favero foi fichado pela polícia, juntamente com mais 250 cidadãos, como filiado ao PCB da cidade de Ribeirão Preto (SP).
Palavras-chaves: *Comunismo*
Partido Comunista Brasileiro (PCB)
Ribeirão Preto (SP)

Prontuário: **1084** **Afonso Aranha ou Affonso Aranda**
Vulgo: -
Profissão: Ferroviário
Nacionalidade: Espanhola
Naturalidade: Málaga
Datas-limite: **Inicial:** 02/01/1936 **Final:** 10/09/1947

Síntese: Afonso Aranha ou Affonso Aranda residia na cidade de Bauru, trabalhando como foguista na Estrada de Ferro Noroeste do Brasil. Em 1936, o Delegado de Bauru classificou-o como comunista e membro da ANL local. Sendo espanhol, a polícia ordenou que fosse demitido e expulso do país. Ao ser preso, em 15 de maio de 1936, as autoridades policiais constataram que o prontuariado já havia sido expulso do território nacional em outra ocasião.

Palavras-chaves: *Aliança Nacional Libertadora (ANL)*
Bauru (SP)
Comunismo
Espanhol
Estrada de Ferro Noroeste do Brasil
Expulsão

Prontuário: **2115** **Albertino Marques Barreto**
Vulgo: Cavalgadura
Profissão: Ferroviário
Nacionalidade: Brasileira
Naturalidade: Corumbá (MG)
Datas-limite: **Inicial:** 28/03/1934 **Final:** 18/09/1938

Síntese: Em 1934, segundo ofício do delegado de Penápolis (SP), Abertino Barreto morava em Birigüi, era comunista, escrevia em boletins clandestinos e fazia parte da Liga Operária local. Em 1935, foi acusado pela polícia da cidade de Glicério (SP) de participar de movimento revolucionário e extremista e de promover agitações e greves na Noroeste do Brasil. Nesse ano, Albertino foi preso pela Delegacia de Araçatuba. Foi posto em liberdade em 1937 e, em 1938, foi novamente preso e condenado como comunista.

Palavras-chaves: *Araçatuba (SP)*
Birigüi (SP)
Boletim

Comunismo
Estrada de Ferro Noroeste do Brasil
Glicério (SP)
Greve
Liga Operária

Prontuário: 5258 **Aliança Nacional Libertadora de Marília (SP)**
Vulgo: -
Profissão: -
Nacionalidade: -
Naturalidade: -
Datas-limite: **Inicial:** 03/07/1935 **Final:** 07/07/1935
Síntese: Segundo relatório datado de 4 de julho de 1935, do delegado de Marília (SP) para o juiz local, a ANL de Marília era uma "grande força política e bem articulada" com outras cidades do país. O referido núcleo almejava fazer um comício em praça pública, mas o pedido foi indeferido e as justificativas foram publicadas no *Diário de Marília* no dia seguinte.
Palavras-chaves: *Aliança Nacional Libertadora (ANL)*
Comício
Diário de Marília (jornal)
Marília (SP)

Prontuário: 125983 **Alim Chaia**
Vulgo: -
Profissão: -
Nacionalidade: -
Naturalidade: -
Datas-limite: **Inicial:** 16/01/1954 **Final:** -
Síntese: Alim Chaia estava classificado entre os cidadãos comunistas de Marília (SP) que recebiam exemplares do jornal *Notícias de Hoje*.
Palavras-chaves: *Comunismo*
Marília (SP)
Notícias de Hoje (jornal)

Prontuário: **115349** **Alípio Geraldo Jesus**
Vulgo: -
Profissão: -
Nacionalidade: -
Naturalidade: -
Datas-limite: **Inicial:** 05/05/1952 **Final:** -
Síntese: Um relatório policial (reproduzido em 1952) considerou que o "centro de agitação comunista" de Barretos (SP) estava no Frigorífico Anglo e que contava também com o apoio de ferroviários e motoristas. O PCB tinha grande ação entre eles, chegando a cerca de 200 a 300 filiados no Frigorífico. Entre os chefes estavam: Luttgardes Bastos, Mário Barbosa da Silva, Orandino Martins, Antônio Fernandes, entre outros. O nome do prontuariado Alípio Jesus estava inserido em uma relação de 250 nomes de cidadãos integrantes da Aliança pela Paz e Contra a Carestia.
Palavras-chaves: *Aliança pela Paz e contra a Carestia*
Barretos (SP)
Comunismo
Ferroviário
Frigorífico Anglo S.A.
Motorista
Partido Comunista Brasileiro (PCB)

Prontuário: **2618** **Amparo Garcia**
Vulgo: -
Profissão: -
Nacionalidade: Brasileira
Naturalidade: Arinha (SP)
Datas-limite: **Inicial:** 28/05/1945 **Final:** 04/09/1936
Síntese: Esse prontuário traz anexada uma relação de elementos pertencentes ao extinto partido Integralista Brasileiro, datada de 1945, na qual Amparo Garcia aparece como representante da cidade de Pindorama (SP). Além disso, estavam citados Antônio Galvez, de Campinas; Aurélio Gandini, de Jardinópolis; Luiz Gandolfe, de Pirassununga; Adriano Garcia, de Assis; Alcides Antunes Garcia, de Mogi-Mirim e Ana Garcia, de Itápolis. A polícia também apreendeu um cartão com o nome de Amparo Garcia, cuja inscrição na AIB datava de 4 de setembro de 1936.

Palavras-chaves: *Ação Integralista Brasileira (AIB)*
Assis (SP)
Campinas (SP)
Integralismo
Itápolis (SP)
Jardinópolis (SP)
Mogi-Mirim (SP)
Mulher
Pindorama (SP)
Pirassununga (SP)

Prontuário: **1923** **Antônio Ciara ou Tiora Antônio**
Vulgo: -
Profissão: Lavrador
Nacionalidade: Italiana
Naturalidade: Castel Forte
Datas-limite: **Inicial:** 17/05/1932 **Final:** 06/07/1947
Síntese: Em 1932, o prontuariado Antônio Ciara foi detido por participar de uma greve de colonos de diversas propriedades agrícolas na região de Bauru (SP). O "cabeça" do movimento foi apontado como sendo Oswaldo Bomeiro, um médico da cidade de Guarantan. Depois de quinze dias, Antônio Ciara foi posto em liberdade, declarando apenas ter recebido de um desconhecido um exemplar do jornal *A Classe Operária*. Seu nome reaparece, no ano de 1947, em uma lista de comunistas da Zona Noroeste, supostamente liderados por Vicente Ottieri.
Palavras-chaves: *A Classe Operária (jornal)*
Bauru (SP)
Colono
Comunismo
Guaratan (SP)
Greve
Médico

Prontuário: **3003** **Antônio Rodrigues**
Vulgo: -
Profissão: Ferroviário

Nacionalidade: Brasileira
Naturalidade: Sorocaba (SP)
Datas-limite: **Inicial:** 21/01/1936 **Final:** 26/09/1947
Síntese: Antônio Rodrigues foi preso no dia 13 de fevereiro de 1936, na cidade de Bauru (SP), acusado de ser membro do subdiretório da Aliança Nacional Libertadora (ANL) local e responsável pela abertura do Sindicato da Estrada de Ferro Noroeste do Brasil. Foi posto em liberdade em 22 de dezembro de 1937.
Palavras-chaves: *Aliança Nacional Libertadora (ANL)*
Bauru (SP)
Sindicato dos Ferroviários da Estrada de Ferro Noroeste do Brasil

Prontuário: **1579 vol. 1** **Associações de Classes e Sindicatos**
Vulgo: -
Profissão: -
Nacionalidade: -
Naturalidade: -
Datas-limite: **Inicial:** 19/03/1931 **Final:** 03/05/1939
Síntese: Neste prontuário encontramos anexados diversos relatórios sobre o movimento sindical no interior do Estado de São Paulo e um informe policial de 1933 referente à realização de um Congresso Ferroviário. A polícia listou os elementos de maior destaque nesse movimento, ordenando medidas preventivas. No mesmo ano, o Gabinete de Investigações constatou diversos comícios comunistas nas cidades de Sorocaba, Bauru, Campinas e Mogi das Cruzes. Em 1934, foi elaborada uma relação dos sindicatos legais do Estado de São Paulo. No mesmo ano, a polícia relatou as influências político-ideológicas vigentes nos sindicatos paulistas, destacando os mais importantes e seus dirigentes. Em 1935, efetivou-se o controle policial sistemático sobre os sindicatos acusados de manter relações extremistas. Entre esses destacou-se a ação da Frente Única da Sorocabana. No mesmo ano, a polícia elaborou outra relação dos sindicatos oficialmente reconhecidos no Estado de São Paulo. Constatamos, também, a redação de um relatório sobre o movimento político-social da ANL no interior do Estado de São Paulo.
Palavras-chaves: *Aliança Nacional Libertadora (ANL)*
Bauru (SP)

Campinas (SP)
Comício
Comunismo
Ferroviário
Frente Única da Sorocabana
Mogi das Cruzes (SP)
Sindicatos
Sorocaba (SP)

Prontuário: 1579 vol. 2 **Associações de Classes e Sindicatos**
Vulgo: -
Profissão: -
Nacionalidade: -
Naturalidade: -
Datas-limite: **Inicial:** 26/08/1937 **Final:** 21/08/1952
Síntese: Em 1939, a polícia constatou, através de um boletim do PCB, que as intervenções de elementos extremistas nas associações de classes e nos sindicatos ocorriam a mando do PCB. Outro relatório expressa o controle das atividades comunistas junto aos sindicatos, cujos membros foram qualificados segundo a lógica policial. Constatamos artigos sobre a infiltração de comunistas nos Sindicatos Trabalhistas de diversos jornais de cidades do interior. A delegacia de Ordem Política e Social havia ordenado às delegacias das cidades paulistas que divulgassem na imprensa local um comunicado policial de prevenção contra os elementos comunistas nos sindicatos.
Palavras-chaves: *Boletim*
Comunismo
Imprensa
Jornal
Partido Comunista Brasileiro (PCB)
Sindicato Trabalhista

Prontuário: 2277 **Benedito Esteves**
Vulgo: -
Profissão: Lavrador
Nacionalidade: Brasileira

Naturalidade: Soledade (MG)
Datas-limite: **Inicial:** 20/04/1936 **Final:** 23/04/1953
Síntese: Benedito Esteves foi preso na cidade de Bauru, no dia 7 de abril de 1936, portando uma lista do Socorro Vermelho Internacional. Segundo a polícia, Esteves era um elemento de extremo perigo social por suas idéias subversivas. No mês de maio do mesmo ano, o prontuariado declarou que havia comparecido apenas duas vezes às reuniões da ANL e que, por ser quase analfabeto, não endossava idéias extremistas nem comunistas. Foi posto em liberdade no dia 10 de julho de 1937 e, no mês seguinte, foi novamente detido sob acusação de distribuir boletins intitulados *Ao Povo*, assinados por "Um grupo de Democratas". Esses boletins protestavam contra a manifestação integralista que ocorreria na cidade. Foi posto em liberdade no dia 26 de dezembro de 1937.
Palavras-chaves: *Aliança Nacional Libertadora (ANL)*
Ao Povo (boletim)
Bauru (SP)
Comunismo
Democrata
Integralismo
Socorro Vermelho Internacional

Prontuário: **2839** **Camillo José de Araújo**
Vulgo: -
Profissão: -
Nacionalidade: -
Naturalidade: -
Datas-limite: **Inicial:** 31/07/1935 **Final:** 10/09/1947
Síntese: Camillo Araújo foi preso por ser delegado de propaganda política da Aliança Nacional Libertadora (ANL) de Itapetininga (SP). Foi acusado de ser comunista e de infringir o decreto n° 38, de 4 de julho de 1935.
Palavras-chaves: *Aliança Nacional Libertadora (ANL)*
Comunismo
Itapetininga (SP)

Prontuário: **84079** **Cândido Alves de Oliveira**
Vulgo: -

Profissão: -
Nacionalidade: -
Naturalidade: -
Datas-limite: **Inicial:** 14/05/1938 **Final:** 07/08/1947
Síntese: Cândido Alves de Oliveira, juntamente com Guilherme Sarti, José Sarantóla, Paulino Francisquini, Pedro Sala, Alice Garcia Verenez e outros, foi fichado pela polícia como filiado à Ação Integralista da cidade de Sertãozinho(SP).
Palavras-chaves: *Ação Integralista Brasileira (AIB)*
Sertãozinho (SP)

Prontuário: **804** **Cândido Alves Vieira**
Vulgo: -
Profissão: Ferroviário
Nacionalidade: Brasileira
Naturalidade: -
Datas-limite: **Inicial:** 03/03/1938 **Final:** 13/04/1938
Síntese: Em 3 de março de 1938, Cândido Vieira foi preso e acusado de ter dito "Viva Lênine" a um oficial militar. O prontuariado declarou ser filiado ao Sindicato da Cia. Mogiana, mas que não exercia nenhum cargo no mesmo. Afirmou também que não era adepto a credos extremistas. Foi libertado no dia 13 de abril do mesmo ano.
Palavras-chaves: *Lênin*
Ribeirão Preto (SP)
Sindicato dos Ferroviários da Cia. Mogiana de Estrada de Ferro

Prontuário: 585 **Delegacia de Agudos**
Vulgo: -
Profissão: -
Nacionalidade: -
Naturalidade: -
Datas-limite: **Inicial:** 04/03/1931 **Final:** 24/07/1952
Síntese: Em 1931, a polícia de Agudos, responsável pela região de Bauru, constatou propaganda comunista, através da apreensão de um boletim

entregue por um cidadão, que, provavelmente, o teria recebido pelo correio. Em 1936, verificamos o controle político sistemático dos partidos e dos eleitores locais. Em 1943, a polícia autorizou a transferência da residência de italianos para Limeira, Santa Cruz do Rio Pardo e Santa Rita. Anexado ao prontuário há um artigo da *Folha do Povo do Rio de Janeiro*, de 1937, que apresenta declarações do Ministro do Trabalho sobre o reconhecimento de 22 Sindicatos Paulistas. O jornal afirmava o descaso criminoso do Departamento do Trabalho de São Paulo na execução das leis sindicais. O artigo citava: Sindicato dos Fazendeiros de Agudos; dos Lavradores de Café de Assis; Vinicultores do Bairro de Moisés de Jundiaí; Agricultores de Pirajuhy; Lavradores de Rio Preto; Agrícola de Ibate de São Carlos; Associação Sindical dos Citricultores de Taubaté; Empregados do Correio de Botucatu; Administradores de Espírito Santo do Pinhal; Administradores de Garça e Administradores de Marília. Em 1952, a cidadã de Agudos Maria Fernandes foi delatada por fazer propaganda comunista através da distribuição do jornal *Hoje*.

Palavras-chaves: *II Guerra Mundial*
Associação Sindical dos Citricultores de Taubaté (SP)
Bauru (SP)
Boletim
Comunismo
Delação
Eleição
Folha do Povo (jornal)
Hoje (jornal)
Italiano
Legislação Sindical
Limeira (SP)
Ministério do Trabalho
Mulher
Rio de Janeiro
Santa Cruz do Rio Pardo (SP)
Santa Rita (SP)
Sindicato Agrícola de Ibate de São Carlos (SP)
Sindicato Administradores de Espírito Santo do Pinhal (SP)
Sindicato dos Administradores de Garça
Sindicato dos Administradores de Marília

Sindicato de Agricultores de Pirajuhy (SP)
Sindicato dos Empregados do Correio de Botucatu (SP)
Sindicato dos Fazendeiros de Agudos (SP)
Sindicato dos Lavradores de Café de Assis (SP)
Sindicato dos Lavradores de Rio Preto (SP)
Sindicato Vinicultores do Bairro de Moisés de Jundiaí (SP)
Súditos do Eixo

Prontuário: **48590** **Delegacia de Andradina**
Vulgo: -
Profissão: -
Nacionalidade: -
Naturalidade: -
Datas-limite: **Inicial:** 29/06/1943 **Final:** 15/03/1953
Síntese: Em 1943, o delegado de Andradina registrou o movimento político-social na cidade, constatando a presença de súditos do Eixo, sobre os quais incidiu a vigilância policial. Apontou como importante a fiscalização sistemática nos pontos de trens, ônibus e outros meios de transporte de passageiros. No mesmo ano, ocorreu o controle sobre os veículos de japoneses, resultando em várias apreensões e na elaboração de termos de compromisso e responsabilidade. Verificamos, também, o registro de delações de atividades comunistas contra cidadãos de Andradina. Em 1944, constatamos o relatório policial que verificou conflitos entre grileiros. Constatou-se uma reunião com a presença de dois participantes da Intentona Comunista, que se manifestavam contra o prefeito local.
Palavras-chaves: *II Guerra Mundial*
Andradina (SP)
Comunismo
Delação
Grileiro
Japonês
Súditos do Eixo

Prontuário: **40709** **Delegacia de Araras**
Vulgo: -

Profissão: -
Nacionalidade: -
Naturalidade: -
Datas-limite: **Inicial:** 09/09/1936 **Final:** 18/09/1951

Síntese: Em 1936, a Polícia Política colocou sob o controle os candidatos, partidos políticos e eleitores da cidade de Araras. Verificou-se que o Partido Constitucionalista possuía a maioria do eleitorado (1128 eleitores). Sobre o eleitorado da AIB verificou-se que a maioria era de moradores da cidade "principalmente rapazes" e que possuía poucos adeptos. Em 1938, registrou-se movimentação política em Araras, manifesta através de propaganda comunista e divulgação de boletins de apoio à ANL. Verificou-se, ainda no mesmo ano, facções, dignas de atenção por parte da polícia, contra o prefeito local. Em 1943, a delegacia de Araras encaminhou ex-tripulantes italianos para trabalharem em fábricas locais. No mesmo ano, alemães começaram a residir em fazendas do município.

Palavras-chaves: *II Guerra Mundial*
Ação Integralista Brasileira (AIB)
Alemão
Araras (SP)
Boletim
Comunismo
Eleição
Integralismo
Italiano
Partido Constitucionalista (PC)
Sindicatos
Súditos do Eixo

Prontuário: 2787 **Delegacia de Assis**
Vulgo: -
Profissão: -
Nacionalidade: -
Naturalidade: -
Datas-limite: **Inicial:** 10/04/1935 **Final:** 22/11/1953

Síntese: Em 1934, um ofício do delegado de Assis para a Delegacia de Ordem Política e Social registrou greve dos ferroviários local. Em 1935, a polícia apreendeu dois folhetos do Sindicato dos Empregados da E.F. Sorocabana de Assis. Em um deles, os ferroviários locais protestavam contra as comemorações do Dia do Trabalho. O outro referia-se a um pedido sobre a situação dos sindicatos da zona Sorocabana. Em 1937, um informe policial indicou a presença de uma célula comunista chefiada por um italiano. Em 1938, um investigador comunicou ao delegado local a suspeita de ação integralista na Congregação Mariana de Assis. Em 1944, verificamos o tabelamento de vendas a varejo da Sub-Comissão Municipal de Abastecimento. No mesmo ano, registrou-se denúncia de câmbio negro entre os comerciantes locais.

Palavras-chaves: *II Guerra Mundial*
Assis (SP)
Câmbio Negro
Comerciante
Comunismo
Congregação Mariana de Assis
Delação
Dia do Trabalho
Economia Popular
Ferroviário
Folheto
Greve
Integralismo
Italiano
Sindicato dos Ferroviários da Estrada de Ferro Sorocabana
Subcomissão Municipal de Abastecimento

Prontuário: 1134 **Delegacia de Batatais**
Vulgo: -
Profissão: -
Nacionalidade: -
Naturalidade: -
Datas-limite: **Inicial:** 09/11/1929 **Final:** 29/04/1953
Síntese: Em Batatais, região de Ribeirão Preto, a polícia apreendeu, em 1929, uma carta cujos nomes não foram identificados, mas que

correspondia aos cidadãos daquela cidade que estariam fundando a União Operária e Camponesa e distribuindo boletins de caráter subversivo. Em 1933, um ofício do delegado local para a Superintendência informou a ausência de sindicatos legais ou ilegais em Batatais. Em 1935, constatou-se uma greve pacífica dos operários das fábricas de tecido e, no ano seguinte, relatou-se o movimento político através dos partidos e dos eleitores locais. Em 1937, a polícia investigou os participantes da sede do PCB, organizada até 1932. Citou dois diretores da nacionalidade italiana e, em seguida, registrou os adeptos ao comunismo. A relação policial continha cerca de 50 nomes, seguidos com a nacionalidade, residência e profissão. Em 1943, a polícia registrou o tabelamento de combustíveis racionados em conseqüência do envolvimento do Brasil na II Guerra Mundial.

Palavras-chaves: *II Guerra Mundial*
Babatais (SP)
Boletim
Comunismo
Eleição
Fábrica de Tecido
Greve
Italiano
Partido Comunista Brasileiro (PCB)
Racionamento
Ribeirão Preto
União Operária e Camponesa

Prontuário: 757 **Delegacia de Bebedouro**
Vulgo: -
Profissão: -
Nacionalidade: -
Naturalidade: -
Datas-limite: **Inicial:** 06/04/1931 **Final:** 19/12/1951
Síntese: Em 1931, foi registrada greve dos ferroviários da SãoPaulo Railway em Bebedouro e, em 1936, a apreensão de material comunista na casa de um ferroviário, pertencente ao arquivo do Sindicato dos Ferroviários da Estrada de Ferro de São Paulo. Ainda no mesmo ano, estavam sob

vigilância partidos e candidatos políticos e eleitores envolvidos com as eleições. Em 1943, em ofício para o Delegado de Ordem Política e Social, registrou-se a mudança de japoneses da cidade de Bebedouro para o Distrito de Jataí, no Estado do Paraná.

Palavras-chaves: *II Guerra Mundial*
Barretos (SP)
Bebedouro (SP)
Comunismo
Eleição
Ferroviário
Greve
Japonês
Jataí (PR)
São Paulo Railway
Súditos do Eixo

Prontuário: **389** **Delegacia de Brodowski**
Vulgo: -
Profissão: -
Nacionalidade: -
Naturalidade: -
Datas-limite: **Inicial:** 21/06/1935 **Final:** 16/09/1947

Síntese: Na cidade de Brodowski, localizada ao Norte do Estado de São Paulo, a polícia registrou a presença de propaganda comunista, através de boletins que foram apreendidos. Não houve outros relatos de movimentos subversivos do "credo vermelho". Levantou-se a suspeita de ativismo integralista por parte de um vigário que, durante um baile, citava nomes de integralistas. Fichou-se um caso de crime de economia popular, especificamente, a venda de machados da marca Collins fora do tabelamento. O caso foi encaminhado para o Delegado Chefe do Setor de Ordem Econômica de São Paulo. Constatou-se o controle dos partidos, candidatos políticos e eleitores participantes das eleições de 1936 por parte da polícia. Em 1947, registrou-se o fechamento da Sede do Partido Comunista Brasileiro de Brodowski.

Palavras-chaves: *Boletim*
Brodowski (SP)

Comunismo
Economia Popular
Eleição
Integralismo
Ribeirão Preto (SP)

Prontuário: 40745 **Delegacia de Cândido Mota**
Vulgo: -
Profissão: -
Nacionalidade: -
Naturalidade: -
Datas-limite: **Inicial:** 11/09/1936 **Final:** 17/01/1953
Síntese: Em 1936, os partidos políticos e os eleitores da cidade de Cândido Mota estavam sob vigilância policial, destacando-se o Partido Constitucionalista, com o maior número de eleitores (550 eleitores). Em 1942, foram registrados, em decorrência da II Guerra Mundial, cerca de 40 veículos pertencentes a estrangeiros (portugueses, italianos e sírios). Em 1943, verificou-se que a cidade estava livre de movimentos políticos que colocassem em risco a ordem e a segurança nacional.
Palavras-chaves: *II Guerra Mundial*
Assis (SP)
Cândido Mota (SP)
Eleição
Estrangeiro
Italiano
Partido Constitucionalista (PC)
Português
Sírio

Prontuário: 340 **Delegacia de Xavantes**
Vulgo: -
Profissão: -
Nacionalidade: -
Naturalidade: -

Datas-limite: **Inicial:** 09/06/1935 **Final:** 01/06/1953

Síntese: Em 1935, registrou-se em Xavantes, a instalação do Diretório da ANL; onde discursou Caio Prado Jr. No mesmo ano, constatou-se uma greve de colonos que repercutiu em um abaixo-assinado de comerciantes e fazendeiros da cidade. Eles solicitavam à Secretaria de Segurança Pública ordem e tranqüilidade em Xavantes, acusando os aliancistas de responsáveis pela desordem. Como reação a essa manifestação Caio Prado Jr., na qualidade de presidente da ANL, escreveu uma carta à Secretaria de Segurança Pública, referindo-se aos abaixo-assinantes como integralistas e "inimigos disfarçados do Brasil". Em 1936, verificou-se o controle efetivo policial sobre partidos, candidatos políticos e eleitores da cidade de Xavantes. Constatou-se que o Partido Republicano Paulista obteve o maior eleitorado (554 eleitores). Em 1938, registrou-se a ausência de comunistas após a extinção dos partidos. Em 1945, ocorreu uma manifestação de populares contra o "desdoro" de um terreno próximo a Estação de Ferro Sorocabana e em homenagem a Força Expedicionária Brasileira.

Palavras-chaves: *Caio Prado Jr.*
Chavantes (SP)
Colono
Comerciante
Comunismo
Estrada de Ferro Sorocabana
Fazendeiro
Força Expedicionária Brasileira
Greve
Intelectual
Partido Republicano Paulista (PRP)
União Democrática Nacional (UDN)

Prontuário: 40758 **Delegacia de Descalvado**

Vulgo: -

Profissão: -

Nacionalidade: -

Naturalidade: -

Datas-limite: **Inicial:** 05/12/1936 **Final:** 09/10/1952

Síntese: Em 1936, os partidos políticos e os eleitores da cidade de Descalvado, região de São Carlos, ficaram sob vigilância da polícia. Em

1942, as autoridades policiais registraram os veículos a tração motora, que pertenciam, principalmente, a estrangeiros. Após essa data, a polícia local não verificou nenhuma movimentação político-social em Descalvado.

Palavras-chaves: *II Guerra Mundial*
Descalvado (SP)
Eleição
São Carlos (SP)
Súditos do Eixo

Prontuário: 587 **Delegacia de Dourado**
Vulgo: -
Profissão: -
Nacionalidade: -
Naturalidade: -
Datas-limite: **Inicial:** 13/03/1931 **Final:** 23/10/1951
Síntese: Em 1931, na cidade de Dourado, região de São Carlos, a polícia constatou uma grande distribuição de boletins entre os operários da Companhia Douradense, além de jornais comunistas distribuídos pelo correio local. Em 1936 e 1938, partidos e eleitores locais ficaram sob vigilância da Delegacia de Dourado. Em 1942, a polícia controlou os condutores de automóveis, verificando a presença de espanhóis e de italianos. Em 1945, a delegacia local declarou à Delegacia de Ordem Política e Social a ausência de crimes de economia popular.

Palavras-chaves: *II Guerra Mundial*
Boletim
Cia. Douradense de Estrada de Ferro
Comunismo
Dourado (SP)
Eleição
Espanhol
Italiano
Operariado
São Carlos (SP)
Súditos do Eixo

Prontuário: 2515 **Delegacia de Franca**
Vulgo: -
Profissão: -
Nacionalidade: -
Naturalidade: -
Datas-limite: **Inicial:** 19/09/1933 **Final:** 29/04/1953

Síntese: Em 1933, verificou-se na cidade de Franca, localizada na região norte do Estado de São Paulo, a circulação de jornais locais defensores de idéias comunistas como *O Socialismo* (25/02) e *O Proletário* (12/04). O primeiro era produzido pelo Partido Socialista e exprimia defesa aos valores do comunismo; o segundo, organizado pela Federação Trabalhista de Franca, incentivava a filiação dos trabalhadores aos sindicatos. Ainda no mesmo ano, constatou-se a circulação do jornal *O Aviso de Franca* (26/03) dirigido aos católicos locais. Esse periódico propagava idéias anticomunistas, denunciando a propaganda comunista em reuniões operárias. Em 1935, informou-se a presença de comunistas e judeus em Franca, citando nomes e expulsões, por pressões dos integralistas. Em 1936, confirmou-se a presença de um núcleo integralista com intensa ação e liberdade em Franca. Em 1942, verificou-se a presença de "Súditos do Eixo", a maioria italianos, portadores de veículos automotores. Em 1945, registrou-se uma greve de operários da Fábrica de Calçados e Artefatos de Couro, encerrada com a aprovação de uma convenção de salários.

Palavras-chaves: *II Guerra Mundial*
Católico
Comunismo
Expulsão
Fábricas de Calçados e Artefatos de Couro
Franca (SP)
Greve
Integralismo
Italiano
Jornal
Judeu
Lavrador
O Aviso de Franca (jornal)
O Proletário (jornal)
O Socialista (jornal)

Operariado
Sindicatos
Súditos do Eixo

Prontuário: 4989 **Delegacia de Garça**
Vulgo: -
Profissão: -
Nacionalidade: -
Naturalidade: -
Datas-limite: **Inicial:** 15/08/1936 **Final:** 16/05/1955
Síntese: Na cidade de Garça, região de Marília, verificamos em 1936 o controle policial sistemático dos partidos e eleitores locais. Em 1937, constatou-se um artigo (sem indicação de fontes) referindo-se à questão da cassação de sindicatos. Esse artigo foi também anexado ao prontuário da delegacia de Agudos. Em 1942, a polícia de Garça apreendeu rádios pertencentes aos súditos japoneses residentes na cidade e, no mesmo ano, registrou-se a relação dos veículos a tração motora de propriedade de estrangeiros. Em 1945, ocorreu uma greve dos operários da Fiação de Seda da Cooperativa Agrícola – Garça -Vera Cruz Ltda. O movimento foi pacífico e os manifestantes reivindicavam aumento dos salários. Em 1946, ficou constatada a ação terrorista de nipônicos da organização Shindô-Renmei.
Palavras-chaves: *II Guerra Mundial*
Agudos (SP)
Eleição
Fiação de Seda da Cooperativa Agrícola Garça-Vera Cruz Ltda.(SP)
Garça (SP)
Greve
Japonês
Marília (SP)
Niponismo
Rádio
Shindô-Renmei
Súditos do Eixo

Prontuário: 3306 **Delegacia de Idaiatuba**
Vulgo: -
Profissão: -
Nacionalidade: -
Naturalidade: -
Datas-limite: **Inicial:** 14/04/1936 **Final:** 03/10/1951
Síntese: Na cidade de Idaiatuba, região de Campinas, a polícia registrou, em 1939, a circulação de boletins do PCB e confirmou a ausência da ação política de sindicatos de operários, de agricultores e outros. Em 1936, essa delegacia se dedicou ao controle dos partidos e à vigilância dos eleitores da cidade. Até 1945, as autoridades não registraram nenhum outro tipo de movimentação subversiva em Idaiatuba.
Palavras-chaves: *Boletim*
Campinas (SP)
Comunismo
Eleição
Indaiatuba (SP)
Partido Comunista Brasileiro (PCB)

Prontuário: 61424 **Delegacia de Itapeva**
Vulgo: -
Profissão: -
Nacionalidade: -
Naturalidade: -
Datas-limite: **Inicial:** 02/09/1943 **Final:** 15/03/1948
Síntese: Através deste prontuário constatamos que, logo após o rompimento das relações políticas do Brasil com os países do Eixo, a casa do prefeito local foi apedrejada pela população da cidade de Itapeva, que o acusava de simpatizar com os "Súditos do Eixo". Em 1944, constatamos a dificuldade policial em combater os comerciantes locais que não respeitavam o tabelamento dos preços, ao mesmo tempo que a população de Itapeva não denunciava os infratores, prejudicando a fiscalização. No mesmo ano, um ofício do delegado adjunto informou que o comércio de câmbio negro no interior do Estado de São Paulo estava em dificuldades.
Palavras-chaves: *II Guerra Mundial*
Câmbio Negro

Economia Popular
Itapeva (SP)
Racionamento
Súditos do Eixo

Prontuário: **1064** **Delegacia de Itapira**
Vulgo: -
Profissão: -
Nacionalidade: -
Naturalidade: -
Datas-limite: **Inicial:** 20/12/1930 **Final:** 07/02/1947
Síntese: Em 1930, a polícia da cidade de Itapira, região de Campinas, apreendeu um exemplar do jornal *A Classe Operária*. Em 1934, a polícia identificou líderes comunistas do movimento grevista da Fábrica Sarkis que participavam de reuniões na Sociedade Beneficente Operária. Nesse mesmo local eram produzidos folhetos e livros subversivos, que também discutiam a formação de um sindicato. No mesmo ano, a polícia apreendeu um manifesto, manuscrito, em prol do Sindicato dos Chapeleiros. Em 1938, um informe do delegado local confirmou a mudança de José Ceragioli, chefe do diretório da extinta AIB de Itapira, para São Paulo. A partir de 1942, a polícia passou a controlar, de forma sistemática, a circulação de súditos japoneses na cidade. Em 1945, o delegado local informou o delegado de Ordem Política e Social que havia iniciado a repressão ao câmbio negro entre os comerciantes locais.
Palavras-chaves: *II Guerra Mundial*
A Classe Operária (jornal)
Ação Integralista Brasileira (AIB)
Câmbio Negro
Campinas (SP)
Comerciante
Comunismo
Fábrica Sarkis
Folheto
Greve
Itapira (SP)
Japonês

Livro
Operariado
Sindicato dos Chapeleiros
Sociedade Beneficente Operária
Súditos do Eixo

Prontuário: 3357 **Delegacia de Jaboticabal**
Vulgo: -
Profissão: -
Nacionalidade: -
Naturalidade: -
Datas-limite: **Inicial:** 04/12/1934 **Final:** 13/03/1952
Síntese: Em 1934, na cidade de Jaboticabal, região de Ribeirão Preto, a polícia confirmou uma grande concentração de integralistas em uma conferência com a presença de Gustavo Barroso. Em 1935, verificou-se a propaganda comunista por Sansão Lino Machado e Henrique Consiglio. Em 1936, a polícia controlou as eleições locais através do levantamento dos partidos e eleitores. Em 1938, ocorreu a apreensão de material de propaganda integralista na célula da AIB local.
Palavras-chaves: *Ação Integralista Brasileira (AIB)*
Comunismo
Eleição
Gustavo Barroso
Integralismo
Jaboticabal (SP)
Ribeirão Preto (SP)

Prontuário: 939 **Delegacia de Jacareí**
Vulgo: -
Profissão: -
Nacionalidade: -
Naturalidade: -
Datas-limite: **Inicial:** 11/12/1935 **Final:** 04/03/1955
Síntese: Em 1935, na cidade de Jacareí, região de São José dos Campos, constatou-se a distribuição de boletins comunistas através de um avião

que seguia para o Rio de Janeiro. Em 1936, verificou-se o controle policial dos partidos e eleitores locais. Em 1937, a polícia registrou um movimento subversivo comunista com distribuição de boletins, liderado pelo gráfico Sebastião Feliciano Ferreira, fato que coincidiu com a abertura do PSB na cidade. Declarações impressas em boletins esclarecendo que não havia nenhum tipo de ligação entre PSB e PCB foram distribuídas à população. No mesmo ano, foi apreendido o periódico *Folha do Povo de Jacareí* (11/11/1937), que reproduzia e citava textos do jornal integralista *Acção*. Em 1938, destacou-se o movimento integralista de Jesse Silva, funcionário da Estrada de Ferro Central do Brasil, em Mogi das Cruzes, Guararema e Jacareí. Em 1939, a polícia relacionou os nomes dos associados do Sindicato dos Operários em Fiação e Tecelagem de Jacareí. Em 1945, ocorreu comício do PCB na cidade de Jacareí, fato registrado pela delegacia local.

Palavras-chaves: *Acção (jornal)*
Boletim
Comunismo
Eleição
Estrada de Ferro Central do Brasil
Ferroviário
Folha do Povo de Jacareí (jornal)
Gráfico
Guararema (SP)
Integralismo
Jacareí (SP)
Mogi das Cruzes (SP)
Operariado
Partido Comunista Brasileiro (PCB)
Partido Socialista Brasileiro (PSB)
São José dos Campos (SP)
Sindicato dos Operários em Fiação e Tecelagem de Jacareí (SP)

Prontuário: **581 vol. 1** **Delegacia de Jundiaí**
Vulgo: -
Profissão: -
Nacionalidade: -

Naturalidade: -
Datas-limite: **Inicial:** 19/12/1924 **Final:** 11/12/1935
Síntese: Foram registradas, na cidade de Jundiaí, atividades de propaganda nazista, constatadas com apreensão de folhetos com saudações a Hitler. Verificamos também a apreensão de boletins em alemão e livretos da Catholica Unio, que tinha sede no mosteiro de São Bento em Jundiaí. Em 1931, ocorreram greves de operários e de chaffeurs. Em 1933, foram registradas greves na Cia. Mecânica e Importadora de S. Paulo (Fábrica de Enxadas), que possuía ligações com a Fábrica de Tecidos Glória, com o Sindicato das Fábricas de Tecidos e com a Fábrica Argos Industrial Ltda. Em 1934, a polícia apreendeu um catálogo de propaganda de livros de sociologia, literatura, ciências e publicações em geral e um folheto transcrito do jornal *A Platéia*. No mesmo ano, ocorreu a greve dos ferroviários da Cia. Paulista e na Cerâmica Jundiaí (cerca de 3000 operários abrangendo 5 fábricas). Em 1935, a polícia apreendeu um boletim da cidade de Marília, de Emílio Nani Neto, que atacava J.A. Silva Filho, dirigente do *Diário Paulista*. No mesmo ano, constatamos o folheto do Sindicato dos Ferroviários da S. Paulo Railway, o boletim do PCB (Comitê Regional de S.P) em solidariedade aos companheiros grevistas de Sorocaba. Nesse ano, a Fábrica Glória e a Fiação e Tecelagem São Bento entraram em greve. Em 1935, a polícia passou a controlar a comunicação de cidadãos de Jundiaí com alemães através das apreensões de cartas. Houve também a produção de fotos que apresentavam objetos sob suspeita de serem nazistas.
Palavras-chaves: *A Platéia (jornal)*
Alemão
Boletim
Catholica Unio
Cerâmica Jundiaí (SP)
Chaffeur
Cia. Mecânica e Importadora de São Paulo
Cia. Paulista de Estrada de Ferro
Fábrica Argos Industrial
Fábrica de Tecidos Glória
Ferroviário
Fiação e Tecelagem São Bento
Folheto
Greve
Jundiaí (SP)

Livro
Marília (SP)
Nazismo
Operariado
Partido Comunista Brasileiro (PCB)
Sindicato das Fábricas de Tecidos
Sindicato dos Ferroviários da S.P. Railway
Sorocaba (SP)

Prontuário: **581 vol. 2** **Delegacia de Jundiaí**
Vulgo: -
Profissão: -
Nacionalidade: -
Naturalidade: -
Datas-limite: **Inicial:** 11/04/1936 **Final:** 04/03/1955
Síntese: Em 1936, a polícia de Jundiaí registrou uma greve na Fábrica de Tecelagem e Fiação Fedes de Jundiaí e na Fábrica de Tecido São Bento. A polícia passou a controlar, sistematicamente, os partidos e os eleitores locais, tendo apreendido um folheto da Federação Regional dos Ferroviários de São Paulo e um da Frente Comum de Luta contra o Integralismo. Em 1939, a polícia traduziu um folheto alemão que fazia referência à Sociedade dos Soldados de Ferro, que se espalhava por 30.000 núcleos no país, com cerca de 45.000 homens prontos para guerrear. Um dos núcleos estaria funcionando em Jundiaí. Em 1942, a delegacia emitiu um salvo-conduto para Antônio Martinelli, de nacionalidade italiana, residente em Jundiaí, com destino à cidade de Rio Claro. No mesmo ano, a polícia investigou japoneses suspeitos de fazerem propaganda do Eixo.
Palavras-chaves: *II Guerra Mundial*
Alemão
Eleição
Fábrica de Tecelagem e Fiação Fedes de Jundiaí
Fábrica de Tecido São Bento
Federação Regional dos Ferroviários de São Paulo
Folheto
Greve
Integralismo

Italiano
Japonês
Jundiaí
Rio Claro (SP)
Sociedade dos Soldados de Ferro
Soldados de Ferro
Súditos do Eixo

Prontuário: **581 vol. 3** **Delegacia de Jundiaí**
Vulgo: -
Profissão: -
Nacionalidade: -
Naturalidade: -
Datas-limite: **Inicial:** 12/04/1942 **Final:** 21/09/1955
Síntese: Em 1942, a polícia de Jundiaí passou a controlar, de forma sistemática, os associados da Sociedade Cooperativa de Várzea, cuja maioria compunha-se de japoneses. Constatamos também a vigilância sobre os alemães residentes em Jundiaí, sendo listados cerca de 33 nomes. Ainda nesse ano, ocorreu a delação contra suspeitos nazistas residentes em Jundiaí. A polícia apontou André Werner como sendo o propagador das idéias de Berlim. Registrou-se um atentado em um trem da Estrada de Ferro Sorocabana, mas não foram encontrados os culpados. Em 1943, a polícia dedicou-se ao controle dos proprietários de veículos automotores, em conseqüência do envolvimento do Brasil na II Guerra Mundial. Em 1945, verificamos o controle policial sobre o câmbio negro em gêneros de primeira necessidade e peças de automóveis. Constatou-se, no mesmo ano, a realização do comício do PCB.
Palavras-chaves: *II Guerra Mundial*
Alemão
Atentado
Câmbio Negro
Comício
Delação
Estrada de Ferro Sorocabana
Japonês
Jundiaí (SP)

Nazismo
Partido Comunista Brasileiro (PCB)
Sociedade Cooperativa de Várzea
Súditos do Eixo

Prontuário: 70240 **Delegacia de Laranjal Paulista**
Vulgo: -
Profissão: -
Nacionalidade: -
Naturalidade: -
Datas-limite: **Inicial:** 1/09/1937 **Final:** 2/09/1955
Síntese: Na cidade de Laranjal Paulista, região de Tatuí, a polícia investigou, em 1937, a região de Botucatu e Sorocaba, procurando controlar a movimentação política das cidades de Botucatu, Laranjal, Conchas, Tietê e Sorocaba. Sobre Botucatu registrou-se a propaganda do " Sigma" e a existência de dissidências do PRP e PC. Em Laranjal, constatou-se uma forte oposição do PRD. Em Sorocaba, o Integralismo foi considerado extinto, enquanto o comunismo se manifestava através de comícios propostos por Heni Ozzi e João Soares, representante dos operários de São Paulo. Relatou-se também um movimento grevista dos operários da fábrica Votorantim.
Palavras-chaves: *Botucatu (SP)*
Comício
Comunismo
Conchas (SP)
Fábrica Votorantin
Greve
Integralismo
Laranjal Paulista (SP)
Operariado
Partido Constitucionalista (PC)
Partido Republicano Democrático (PRD)
Partido Republicano Paulista (PRP)
Sorocaba (SP)
Tatuí (SP)
Tietê (SP)

Prontuário: 40810 **Delegacia de Leme**
Vulgo: -
Profissão: -
Nacionalidade: -
Naturalidade: -
Datas-limite: **Inicial:** 06/08/1936 **Final:** 07/05/1951
Síntese: Em 1936, a Polícia Política colocou sob controle os partidos, os candidatos políticos e os leitores envolvidos com as eleições da cidade de Leme. O maior eleitorado coube ao Partido Constitucionalista. Em 1938, constatou-se uma lista com cerca de 15 nomes de ativistas integralistas. Em 1943, ocorreu a transferência de "Súditos do Eixo" do litoral para a Delegacia de Leme, sem motivos justificados.
Palavras-chaves: *II Guerra Mundial*
Aliança Nacional Libertadora (ANL)
Eleição
Integralismo
Leme (SP)
Partido Constitucionalista (PC)
Piracicaba (SP)
Súditos do Eixo

Prontuário: 2131 **Delegacia de Limeira**
Vulgo: -
Profissão: -
Nacionalidade: -
Naturalidade: -
Datas-limite: **Inicial:** 20/10/1932 **Final:** 02/10/1951
Síntese: Em 1936, procurou-se controlar os partidos, os candidatos políticos e os eleitores da cidade, destacando o Partido Constitucionalista, com o maior número de eleitores (3200 eleitores). Em 1939, a polícia obteve a relação dos sócios dos Sindicatos dos Comerciários de Limeira. Em 1944, foram emitidos 5 salvo-condutos para italianos residentes em Limeira.
Palavras-chaves: *II Guerra Mundial*
Comunismo
Eleição
Italiano

Limeira (SP)
Partido Constitucionalista (PC)
Salvo-Conduto
Sindicato dos Comerciários de Limeira
Súditos de Eixo

Prontuário: **1938 vol. 1** **Delegacia de Lins**
Vulgo: -
Profissão: -
Nacionalidade: -
Naturalidade: -
Datas-limite: **Inicial:** 12/02/1932 **Final:** 28/04/1952
Síntese: Em 1932, a delegacia de Lins registrou a realização de uma conferência do Partido Comunista para discutir questões referentes à II Guerra Mundial, à organização grevista ferroviária local, à Frente Negra, às péssimas condições de vida dos camponeses e ao apoio feminino à luta de classes. Em 1932, a polícia aprisionou o comunista Vicente Ottieri por fazer agitação entre os colonos da Zona Noroeste. Em 1935, houve em Lins a tentativa de greve pelos ferroviários da Estrada de Ferro Noroeste, motivados pelo fechamento da sede do Sindicato dos Ferroviários de Bauru. No mesmo ano, um artigo da *Folha da Manhã* informou que havia aumentado a vigilância no Bairro dos Operários, em Lins, por haver elementos da ANL e também delatou-se a distribuição de boletins comunistas nas margens da Estrada de Ferro Noroeste do Brasil. Em 1935, a polícia fechou a sede da ANL, provocando revoltas e depredações por parte dos operários. Em 1936, verificou-se franca atividade dos intelectuais comunistas linenses e, em 1937, foi registrada a circulação de vários boletins da extinta ANL e também do Socorro Vermelho Internacional. No mesmo ano registrou-se a presença de vários comunistas em Presidente Alves, Lins, Cafelândia, Guarantan e Araçatuba. Confirmou-se também que os comunistas de Lins reuniam-se em Promissão, cidade que estava livre da influência de elementos integralistas.
Palavras-chaves: *Aliança Nacional Libertadora (ANL)*
Araçatuba (SP)
Bauru (SP)
Boletim

Cafelândia (SP)
Camponês
Comunismo
Delação
Estrada de Ferro Noroeste do Brasil
Ferroviário
Folha da Manhã (jornal)
Frente Negra Brasileira
Greve
Guarantan (SP)
Integralismo
Intelectual
Lins (SP)
Mulher
Operariado
Presidente Alves (SP)
Sindicato dos Ferroviários de Bauru (SP)
Socorro Vermelho Internacional

Prontuário: **1938 vol. 2** **Delegacia de Lins**
Vulgo: -
Profissão: -
Nacionalidade: -
Naturalidade: -
Datas-limite: **Inicial:** 14/07/1936 **Final:** 06/05/1954
Síntese: Em 1942, Sanda Minoru, de nacionalidade japonesa, foi presa por portar um mimeógrafo que pertencia à Associação dos Moços Nipônicos de Guaimbé. Foram apreendidos, no mesmo ano, tabelas de preços em língua japonesa e o japonês Toshiak Sakuda, presidente da Associação Esportiva Linense, acusado de fazer propaganda nipônica. Em 1943, foram enviados cerca de 90 termos de responsabilidade de japoneses residentes em Lins, que em 1944 foi avaliada como a maior colônia de japoneses do interior paulista. No mesmo ano foram entregues à Delegacia de Lins cerca de 800 salvo-condutos. Ocorreram também apreensões de

rádios pertencentes aos "Súditos do Eixo". Em 1945, registrou-se a presença de ex-tripulantes italianos que se encontravam livres para transitarem para outros municípios sem a autorização do delegado local.

Palavras-chaves: *II Guerra Mundial*
Associação de Moços Nipônicos de Guaimbé
Associação Esportiva Linense
Comunismo
Eleição
Italiano
Japonês
Lins (SP)
Mulher
Niponismo
Rádio
Salvo-conduto
Súditos do Eixo

Prontuário: **40813** **Delegacia de Lorena**
Vulgo: -
Profissão: -
Nacionalidade: -
Naturalidade: -
Datas-limite: **Inicial:** 15/07/1936 **Final:** 26/11/1950
Síntese: Em 1936, a polícia de Lorena passou a controlar os partidos políticos e os eleitores locais. Em 1937, registrou a greve dos fornecedores de leite. Em 1943, o delegado regional de Guaratinguetá informou o delegado de Ordem Política e Social que haviam sido encontrados, na cidade de Lorena, emblemas nazistas que pertenciam à Anglo Mexican Petrolium. Em 1938, o delegado local confirmou a existência de grande quantidade de integralistas, apesar deles não estarem mais tão ativos. Sobre o comunismo relatou que ativistas vinham da cidade de Cachoeira Paulista (região de Lorena) e que muitos eram funcionários da E.F. Central do Brasil. Em 1944, foram emitidos salvo-condutos para funcionários de nacionalidade húngara da Fábrica Presidente Vargas de Piquete, região de Lorena, com direito à locomoção no Vale do Paraíba. Em 1945, realizou-se um comício do PCB que, segundo a polícia local, não teve aceitação da população de Lorena a que seria contra "idéias extremistas".

Palavras-chaves: *II Guerra Mundial*
Anglo Mexican Petrolium
Cachoeira Paulista (SP)
Comício
Comunismo
Economia Popular
Eleição
Estrada de Ferro Central do Brasil
Fábrica Presidente Vargas de Piquete
Ferroviário
Greve
Guaratinguetá (SP)
Húngaro
Integralismo
Lorena (SP)
Nazismo
Partido Comunista Brasileiro (PCB)
Piquete (SP)
Salvo-Conduto
Súditos do Eixo

Prontuário: **2053** **Delegacia de Mococa**
Vulgo: -
Profissão: -
Nacionalidade: -
Naturalidade: -
Datas-limite: **Inicial:** 01/09/1931 **Final:** 09/10/1952
Síntese: Em Mococa, supostamente no início dos anos 30, relatou-se que o operariado era pequeno, desorganizado e sem movimentação, sendo as condições de vida dos trabalhadores do campo e da cidade igual em todo o interior do Estado de São Paulo. Destacou-se a sociedade em franca dissolução sendo perseguida pelo "Fascio" local. Em 1931, informou-se através de telegrama uma greve geral dos funcionários das Oficinas J. Nicola e Irmãos Gardage. Em 1936, estavam sob vigilância os partidos, os candidatos políticos e os eleitores envolvidos com as eleições do ano, predominando o eleitorado para o Partido Republicano Paulista. Em

1938, ocorreu o auto de apreensão e de incineração da Sede da Ação Integralista, avaliada "como composta de poucos adeptos". Em 1943, constatamos a contratação de ex-tripulantes italianos em indústrias locais, e registraram-se cerca de 150 pedidos de salvo-condutos através de telegramas do delegado de Mococa para o delegado de Estrangeiros de São Paulo. Em 1945, declarou-se que Mococa estava livre de alteração de preços de artigos tabelados, não havendo queixa contra o comércio local.

Palavras-chaves: *II Guerra Mundial*
Ação Integralista Brasileira (AIB)
Camponês
Economia Popular
Eleição
Fascismo
Greve
Integralismo
Mococa (SP)
Oficinas J. Nicola e Irmãos Gardage
Operariado
Partido Republicano Paulista (PRP)
Súditos do Eixo

Prontuário: 842 **Delegacia de Mogi das Cruzes**
Vulgo: -
Profissão: -
Nacionalidade: -
Naturalidade: -
Datas-limite: **Inicial:** 18/05/1931 **Final:** 21/09/1954
Síntese: Em 1931, na cidade de Mogi das Cruzes foi registrada a presença de espanhóis comunistas. Em 1936, constatou-se a circulação de boletins comunistas, que eram atirados dos subúrbios da cidade no percurso da Estrada de Ferro Central do Brasil. Em 1935, ocorreu a greve da Indústria Mogiana de Tecidos. A polícia afirmou que a cidade estava repleta de comunistas que tentavam se despistar filiando-se ao Partido Socialista. A polícia procurou controlar os partidos, os candidatos políticos e os eleitores da cidade, constatando-se que o Partido Constitucionalista possuía a maioria do eleitorado. Em 1944, registrou-se uma manifestação popular

contra o prefeito por falta de açúcar na cidade. No mesmo ano registrou-se a presença de nipônicos que fugiram da fiscalização policial por não estarem com os documentos legalizados.

Palavras-chaves: *Boletim*
Comunismo
Economia Popular
Eleição
Espanhol
Estrada de Ferro Central do Brasil
Greve
Indústria Mogiana de Tecidos
Mogi das Cruzes (SP)
Nipônicos
Partido Constitucionalista (PC)
Partido Socialista Brasileiro (PSB)
Racionamento
Tecelão

Prontuário: **40821** **Delegacia de Mogi-Guaçu**
Vulgo: -
Profissão: -
Nacionalidade: -
Naturalidade: -
Datas-limite: **Inicial:** 25/01/1936 **Final:** 06/09/1951
Síntese: Em 1936, a polícia de Mogi-Guaçu registrou em relatório político-social que a cidade não possuía núcleos operários, associações ou sindicatos. Sobre os integralistas informou que eles cogitavam instalar um subnúcleo, que estaria subordinado ao núcleo da cidade cujos membros não ultrapassavam 50 elementos. A situação política se encontrava estável, em virtude da popularidade do prefeito local. Sobre a cidade de Espírito Santo do Pinhal, região de Mogi-Guaçu, confirmou-se a existência de núcleos operários como a Sociedade Anônima da Fábrica Votorantim e o Sindicato dos Comerciários. Em 1942, verificamos a ocorrência, na cidade de Mogi-Mirim (região de Mogi-Guaçu), de uma delação anônima contra um japonês e um alemão as que viviam em um rancho e eram conhecidos na região de Mogi-Guaçu e de Mogi-Mirim.

No entanto, a polícia não confirmou nada de suspeito. Em 1945, o delegado local afirmou que a cidade de Mogi-Guaçu não apresentava problemas com o tabelamento comercial.

Palavras-chaves: *II Guerra Mundial*
Alemão
Delação
Espírito Santo do Pinhal (SP)
Integralismo
Japonês
Mogi-Guaçu (SP)
Mogi-Mirim (SP)
Operariado
Sindicato dos Comerciários
Sociedade Anônima da Fábrica Votorantin
Súditos do Eixo

Prontuário: **3519** **Delegacia de Ourinhos**
Vulgo: -
Profissão: -
Nacionalidade: -
Naturalidade: -
Datas-limite: **Inicial:** -/08/1934 **Final:** 01/06/1953

Síntese: Em 1934, na cidade de Ourinhos, região de Assis, a polícia confiscou um boletim contra a guerra imperialista, a reação e o fascismo do I Congresso Nacional de Luta contra a Guerra, realizado no Rio de Janeiro. Também foi apreendido um exemplar do jornal *A Classe Operária* de 12/09/1934, no qual foi destacado o artigo em apoio à greve dos trabalhadores da Central do Brasil. Outra apreensão, no mesmo ano, foi do *Jornal do Povo* de 16/10/1934. Em 1935, a polícia confirmou que a distribuição desses jornais ocorreu na Estrada de Ferro São Paulo–Paraná e que os propagandistas vieram da cidade de Santa Cruz do Rio Pardo. Em 1936, a polícia relatou a presença de extremistas da extinta ANL. Em 1942, ocorreu a apreensão de aparelhos eletrônicos nas casas e escolas de nipônicos e verificou-se reuniões clandestinas de japoneses. Em 1943, constatou-se a realização de reuniões dos Sindicatos dos Ferroviários do Norte do Paraná e a remissão de cerca de 200 salvo-condutos. Em 1945, a polícia local produziu um boletim de aviso para a população relacionado aos negociantes que não respeitassem o tabelamento.

Palavras-chaves: *II Guerra Mundial*
A Classe Operária (jornal)
Aliança Nacional Libertadora (ANL)
Assis (SP)
Boletim
Comunismo
Congresso
Economia Popular
Estrada de Ferro Central do Brasil
Estrada de Ferro São Paulo-Paraná
Ferroviário
Japonês
Jornal do Povo
Ourinhos (SP)
Rio de Janeiro (RJ)
Santa Cruz do Rio Pardo (SP)
Sindicato dos Ferroviários do Norte do Paraná
Súditos do Eixo

Prontuário: 342 **Delegacia de Paraguaçu**
Vulgo: -
Profissão: -
Nacionalidade: -
Naturalidade: -
Datas-limite: **Inicial:** 05/12/1937 **Final:** 02/08/1949

Síntese: Em 1938, na cidade de Paraguaçu, localizada na região Leste do Estado de São Paulo, a polícia constatou a presença de integralistas armados que se reuniam em Cândido Mota, cidade da mesma região. Relatou-se, em 1943, a falta de abastecimento de algodão na cidade em decorrência do controle aos "Súditos do Eixo", que, frente ao estado de guerra, não podiam circular com seus veículos. Nos municípios vizinhos de Paraguaçu foi constatado um grande movimento de comunistas citando nomes de ativistas. Sobre a cidade de Assis afirmou-se, em 1937, que o Partido Comunista estava desarticulado. No entanto ocorreu uma paralização dos

Ferroviários da Estrada de Ferro Sorocabana e a inauguração do Sindicato dos Ferroviários. No mesmo ano foram registradas atividades integralistas em Assis, Presidente Venceslau e Presidente Prudente.

Palavras-chaves: *A Comarca (jornal)*
Assis (SP)
Cândido Mota (SP)
Comunismo
Greve
Integralismo
Paraguaçu (SP)
Presidente Prudente (SP)
Presidente Venceslau (SP)
Sindicato dos Ferroviários da Estrada de Ferro Sorocabana
Súditos do Eixo

Prontuário: **40849** **Delegacia de Piedade**
Vulgo: -
Profissão: -
Nacionalidade: -
Naturalidade: -
Datas-limite: **Inicial:** 30/07/1936 **Final:** 08/03/1955

Síntese: Em 1936, ficaram sob vigilância policial os partidos, candidatos políticos e eleitores da cidade de Piedade, onde o Partido Constitucionalista destacava-se com maior eleitorado (606 eleitores). Em 1938, foram citados elementos considerados suspeitos dentro dos extintos Partidos, com destaque para elementos integralistas e comunistas.

Palavras-chaves: *Comunismo*
Eleição
Integralismo
Partido Constitucionalista (PC)
Piedade (SP)
Sorocaba (SP)

Prontuário: **551 vol. 1** **Delegacia de Piracicaba**
Vulgo: -

Profissão: -
Nacionalidade: -
Naturalidade: -
Datas-limite: **Inicial:** 05/10/1930 **Final:** 09/10/1953
Síntese: Em 1933, na cidade de Piracicaba, Alfredo Abel Fernandes foi delatado como ativista comunista atuante nas cidades de Descalvado, Piracicaba e Nova Odessa e assinante do jornal *A Classe* produzido em Campinas. Em 1934, registrou-se greve do Engenho Central com a participação de aproximadamente 5 mil colonos e operários. No mesmo ano ocorreu um atentado a bomba em uma padaria de Piracicaba, sendo os responsáveis alguns padeiros locais. Verificou-se que o Sindicato dos Padeiros recebia dinheiro do Sindicato de Operários da Cia. Paulista e da Usina de Açúcar. Constatou-se, em 1935, um grupo (cerca de 50 nomes) de propagandistas comunistas entre os quais se destacavam Stefania Sampaio, Hélio Krahembul, Lázaro Matos e Paulo Nardin. Em 1935, foram apreendidos boletins comunistas de autoria de Hélio Krahembul. Em 1936, estavam sob vigilância os partidos, candidatos políticos e eleitores daquela cidade, destacando o Partido Constitucionalista com o maior número de eleitores (3405 eleitores). Em 1943, instalou-se em Piracicaba 15 ex-tripulantes italianos que estavam sob controle da Polícia local.
Palavras-chaves: *II Guerra Mundial*
A Classe (jornal)
Atentado
Boletim
Campinas (SP)
Camponês
Comunismo
Delação
Descalvado (SP)
Eleição
Engenho Central
Greve
Italiano
Mulher
Nova Odessa (SP)
Operariado
Padeiro

Partido Constitucionalista (PC)
Piracicaba (SP)
Sindicatos
Súditos do Eixo

Prontuário: 1647 **Delegacia de Piraju**
Vulgo: -
Profissão: -
Nacionalidade: -
Naturalidade: -
Datas-limite: **Inicial:** 16/04/1932 **Final:** 06/09/1955
Síntese: Em 1932, delatou-se a movimentação de comunistas apoiados pela Associação de Operários de Piraju. O delator afirmou que o "credo vermelho" estava sendo espalhado por brasileiros e não por estrangeiros russos e que este se propagava tanto entre colonos como entre os trabalhadores da cidade. Em 1936, mantinha-se sob vigilância os partidos e os candidatos políticos e eleitores da cidade. O Partido Constitucionalista destacou-se entre os eleitores, mas apenas com uma diferença de 100 votos em relação ao Partido Republicano Paulista. Em 1938, registrou-se que a cidade estava "livre de movimentos políticos", sendo citados apenas alguns nomes de integralistas e de comunistas suspeitos. Em 1943, constatou-se a presença de "Súditos do Eixo" sob constante controle policial. Verificaram-se casos de estrangeiros que, por não portarem salvo-condutos, foram detidos pela Delegacia de Piraju. Em 1937, antes do decreto oficial do Estado Novo, registrou-se um controle das cidades da região da Alta Sorocabana, verificando-se que o trecho Botucatu-Assis da Estrada de Ferro Sorocabana era totalmente dominado pelo P.R.P. A Ação Integralista foi considerada como um movimento imediato e o Partido Comunista como desarticulado que apenas fazia pouca propaganda com pichações clandestinas do "credo vermelho". Sobre a cidade de Avaré, constatou-se ação de dissidentes perrepistas e propaganda do "Sigma". Em Cândido Mota não houve dissidência perrepista mas a Ação Integralista contava com vários seguidores. Em Palmital, a força política se encontrava com o PRP e a AIB. Em Santa Cruz do Rio Pardo houve dissidência do PRP, que dividia forças com a AIB. E, finalmente, sobre Piraju constatou-se a força política com o PRP, apoiado pela Frente Negra Brasileira.

Palavras-chaves: *II Guerra Mundial*
Ação Integralista Brasileira (AIB)
Assis (SP)
Avaré (SP)
Botucatu (SP)
Cândido Mota (SP)
Colono
Comunismo
Delação
Eleição
Estrada de Ferro Sorocabana
Frente Negra Brasileira
Frente Única Brasileira
Integralismo
Operariado
Palmital (SP)
Partido Constitucionalista (PC)
Partido Republicano Paulista (PRP)
Piraju (SP)
Salvo-Conduto
Santa Cruz do Rio Pardo (SP)
Súditos do Eixo

Prontuário: **2824** **Delegacia de Porto Ferreira**
Vulgo: -
Profissão: -
Nacionalidade: -
Naturalidade: -
Datas-limite: **Inicial:** 03/02/1934 **Final:** 09/05/1955
Síntese: A Delegacia de Porto Ferreira, região de Limeira, registrou em 1934, a greve dos operários da fábrica de Louças Cerâmica Porto Ferreira Ltda. que reclamavam o atraso dos pagamentos. A polícia realizou vários interrogatórios com funcionários da empresa que eram, na sua maioria, estrangeiros. Em 1936, os partidos e os eleitores locais ficaram sob vigilância da delegacia local. Não se constatou nenhuma movimentação político-social até 1945.

Palavras-chaves: *Eleição*
Fábrica de Louças Cerâmica Porto Ferreira Ltda.
Greve
Limeira (SP)
Operariado
Porto Ferreira (SP)

Prontuário: 71 **Delegacia de Rio Claro**
Vulgo: -
Profissão: -
Nacionalidade: -
Naturalidade: -
Datas-limite: **Inicial:** -/04/1933 **Final:** 04/06/1952
Síntese: Na cidade de Rio Claro, a polícia investigou, em 1933, o cidadão Gomes Pimentel, considerado chefe comunista e principal propagador da greve geral por várias cidade da região. No entanto, investigações posteriores verificaram que o mesmo indivíduo pregava credos integralistas na sede local da AIB. A polícia concluiu que o elemento era "moço inteligente e algo culto", portanto não pregava o comunismo. Ainda no mesmo ano, constatou-se uma reunião entre os ferroviários da Cia. Paulista, tendo como orador um integralista. Em 1935, a polícia recebeu a delação contra a movimentação comunista local, de José Ferreira Linhares. Em 1936, ocorreu o controle policial dos partidos e dos eleitores da cidade. Em 1938, um comunicado de investigadores informou ao delegado de Ordem Política e Social de São Paulo, que o sargento comandante do destacamento de Rio Claro ordenava seus subordinados a aderirem ao integralismo sob pena de prisão. Em 1937, a polícia local constatou o aumento dos seguidores do credo "verde" em Rio Claro. No mesmo ano foi fundado naquela cidade o Comitê dos Ferroviários Rio Clarense. Em 1944, anexou-se no prontuário um artigo do *Diário de Rio Claro*, do mesmo ano, sobre o tabelamento do Interventor Federal sobre a compra de machados e enxadas. Em 1945, verificou-se um caso de câmbio negro na cidade.
Palavras-chaves: *Ação Integralista Brasileira (AIB)*
Câmbio Negro
Cia. Paulista de Estrada de Ferro

Comitê dos Ferroviários Rio Clarense
Comunismo
Delação
Diário de Rio Claro (jornal)
Eleição
Ferroviário
Greve
Integralismo
Rio Claro (SP)

Prontuário: 51371 **Delegacia de Salto**
Vulgo: -
Profissão: -
Nacionalidade: -
Naturalidade: -
Datas-limite: **Inicial:** 11/02/1943 **Final:** 24/05/1951
Síntese: Na cidade de Salto, entre 1930 e 1945, não foi registrado nenhum movimento considerado subversivo pela polícia. Apenas verificou-se um documento de instruções sobre distribuição de "Súditos do Eixo" italianos, ex-tripulantes de navios mercantes. Com isso pode-se pressupor a presença de italianos em Salto, mas não se comprovou nenhuma manifestação política nesse sentido.
Palavras-chaves: *II Guerra Mundial*
Italiano
Navio
Salto (SP)
Sorocaba (SP)
Súditos do Eixo

Prontuário: 1947 **Delegacia de Salto de Itu**
Vulgo: -
Profissão: -
Nacionalidade: -
Naturalidade: -
Datas-limite: **Inicial:** 03/06/1932 **Final:** 10/04/1943

Síntese: Em 1932, ocorreu na cidade de Salto de Itu a greve dos operários da Fábrica Brasital, incentivada pela Comissão de Operários de São Roque. Em 1943, verificou-se a presença de ex-tripulantes italianos controlados pela polícia, que se encontravam em péssimas condições econômicas, tendo caso até mesmo de mudança de cidade.

Palavras-chaves: *Comissão de Operários de São Roque (SP)*
Fábrica Brasital
Greve
Italiano
Operariado
Salto de Itu (SP)
São Roque (SP)
Súditos do Eixo

Prontuário: **1368** **Delegacia de Santa Cruz do Rio Pardo**
Vulgo: -
Profissão: -
Nacionalidade: -
Naturalidade: -
Datas-limite: **Inicial:** 05/12/1931 **Final:** 01/06/1953

Síntese: Na cidade de Santa Cruz do Rio Pardo, região de Ourinhos, em 1931, registrou-se o informe do delegado de Botucatu para o delegado de Rio Pardo a respeito da falta de policiamento, e conseqüentemente de vigilância e de controle que esta cidade apresentava. Em 1936, a polícia verificou a atividade de propaganda comunista através da apreensão de um "boletim semanal libertador" enviado para Odilon Bueno de Rio Pardo. Em 1945, constatamos o controle policial sobre o câmbio negro na região e a utilização da imprensa para auxiliar a vigilância através do artigo do jornal *A Cidade*, ano XXXVI, de Santa Cruz do Rio Pardo. O artigo referia-se à grande ação policial contra os infratores do tabelamento.

Palavras-chaves: *A Cidade (jornal)*
Boletim
Botucatu (SP)
Câmbio Negro
Comunismo
Ourinhos (SP)
Santa Cruz do Rio Pardo (SP)

Prontuário: 1318 **Delegacia de São Carlos**
Vulgo: -
Profissão: -
Nacionalidade: -
Naturalidade: -
Datas-limite: **Inicial:** 29/12/1930 **Final:** 10/01/1953
Síntese: Em 1930, um abaixo-assinado dos operários das Fábricas Progresso de Miguel Gianetti, da Indústria de Carlos Fachina, Lápis Johann Faber Ltda. e Cia. Fiação e Tecidos solicitava punição aos agitadores de greves com a finalidade de que se restabelecesse a ordem e a tranqüilidade. Em 1933, foram distribuídos boletins do Comitê da União dos Trabalhadores de São Carlos acusando os "lacaios" e "cínicos" da imprensa burguesa que desorientava o povo trabalhador. Em 1933, verificou-se a distribuição de boletins do Sindicato dos Ferroviários de Bebedouro. O Sindicato de Ferroviários de São Carlos era composto por trabalhadores da Cia. Paulista, Douradense, Araraquarense e Central do Brasil e, segundo a polícia, não gozava de prestígio local nem entre os próprios ferroviários. No mesmo ano, registrou-se a existência do jornal *A Farpa*, elaborado pelos ferroviários. Em 1936, verificou-se a infiltração de lituanos entre os colonos da Usina Refinadora Paulista. Em 1942, foram detidos dois alemães por desligarem o rádio quando estava sendo irradiada "A Hora do Brasil". No mesmo ano, um abaixo-assinado de reservistas do Exército Nacional Brasileiro da cidade de São Carlos solicitava ao Secretário da Segurança Pública que enviasse guardas para protegerem fábricas, usinas, escolas, repartições públicas e estações ferroviárias contra elementos "inimigos" da ordem.
Palavras-chaves: *II Guerra Mundial*
A Farpa (jornal)
Alemão
Bebedouro (SP)
Boletim
Cia. Fiação e Tecidos
Colono
Comitê da União dos Trabalhadores
Comunismo
Escola
Exército Nacional Brasileiro
Fábrica Progresso

Greve
Indústria Carlos Fachina
Lápis Johann Faber Ltda.
Lituano
Operariado
Sindicato dos Ferroviários de São Carlos (SP)
Súditos do Eixo
Usina Refinadora Paulista

Prontuário: 898 **Delegacia de São José dos Campos**
Vulgo: -
Profissão: -
Nacionalidade: -
Naturalidade: -
Datas-limite: **Inicial:** 10/02/1934 **Final:** 16/09/1955
Síntese: Em 1934, na cidade de São José dos Campos, a polícia apreendeu um exemplar do jornal *A Voz dos Trabalhadores* no qual destacou o artigo sobre a oposição do PSB e PCB de São Paulo. A polícia anexou ao prontuário dois artigos, sem datas, do jornal *Correio Paulistano* que faziam referências à greve da Fábrica Tecelagem Parahyba, de São José dos Campos. Em 1934, as autoridades policiais apreenderam dois boletins, sendo um do Comitê Regional de Luta contra as guerras imperialistas, a reação e o fascismo e outro do PCB sobre a tática de Frente Única. Em 1935, a polícia anexou ao seu prontuário um exemplar da *Folha Esportiva* de São José dos Campos. Em 1937, as investigações policiais apuraram que a greve da Fábrica Parahyba tinha como líderes intelectuais identificados com o ideário comunista. Ainda no mesmo ano controlou-se as atividades dos dirigentes da Liga de Assistência Social e Combate à Tuberculose local. Em 1943, a polícia recebeu a delação de um cidadão anônimo contra a Quinta Coluna, que estaria agindo abertamente.
Palavras-chaves: *A Voz dos Trabalhadores (jornal)*
Antifascismo
Boletim
Comitê Regional de Luta contra a Guerra Imperialista
Correio Paulistano (jornal)
Delação

Fábrica Tecelagem Parahyba
Fascismo
Folha Esportiva (jornal)
Frente Única
Greve
Intelectual
Liga de Assistência Social e Combate à Tuberculose
Partido Comunista Brasileiro (PCB)
Partido Socialista Paulista (PSP)
Quinta Coluna
São José dos Campos (SP)

Prontuário: 2054 **Delegacia de São José do Rio Pardo**
Vulgo: -
Profissão: -
Nacionalidade: -
Naturalidade: -
Datas-limite: **Inicial:** 11/03/1938 **Final:** 09/10/1952
Síntese: No início dos anos 30, a polícia local registrou que a sociedade operária estava sendo controlada por elementos fascistas e que o movimento comunista se manifestava apenas em Poços de Caldas. Em 1943, apresentaram-se à polícia 15 ex-tripulantes italianos que ficaram sob vigilância. Em 1944, uma carta anônima delatou a presença de elementos "pervertidos" que eram contra os "Súditos do Eixo" e prometiam destruir seus estabelecimentos comerciais após o término da II Guerra.
Palavras-chaves: *II Guerra Mundial*
Casa Branca (SP)
Comunismo
Delação
Fascismo
Italiano
Operariado
Poços de Caldas (MG)
São José do Rio Pardo (SP)
Súditos do Eixo

Prontuário: 2010 **Delegacia de São Roque**
Vulgo: -
Profissão: -
Nacionalidade: -
Naturalidade: -
Datas-limite: **Inicial:** 03/11/1932 **Final:** 02/10/1951
Síntese: Em 1932, constatou-se na cidade de São Roque uma greve geral dos trabalhadores da Brasital em reivindicações pela mudança da Lei de Férias. O movimento foi apoiado pelo único sindicato da cidade, o Sindicato dos Trabalhadores de Fábricas de Tecidos. Em 1933, verificou-se que os operários de São Roque eram "bem comportados" mas um elemento conhecido na região e que residia em São Paulo, estava provocando agitação na cidade. Em 1937, ocorreu novamente greve de operários da fábrica Brasital que, dessa vez, reivindicavam o aumento dos salários. Em 1943, houve remissão de salvo-condutos do Chefe de Salvo Condutos de São Paulo para o delegado de São Roque, confirmando a presença de estrangeiros na cidade.
Palavras-chaves: *Estrangeiro*
Fábrica Brasital
Greve
Salvo-Conduto
São Roque (SP)
Sindicato dos Trabalhadores de Fábricas de Tecidos
Sorocaba (SP)

Prontuário: 546 **Delegacia de Sertãozinho**
Vulgo: -
Profissão: -
Nacionalidade: -
Naturalidade: -
Datas-limite: **Inicial:** 23/01/1945 **Final:** 10/01/1945
Síntese: Em Sertãozinho, cidade ao norte do Estado de São Paulo, constatou-se um caso de crime contra a Economia Popular envolvendo comerciantes que vendiam sal, açúcar e querosene acima do tabelamento. Houve registro de movimento comunista envolvendo os chefes que agiam no Sindicato dos Assalariados Agrícolas e Colonos de Ribeirão Preto. Ambos os casos datam de 1945.

Palavras-chaves: *Colono*
Comunismo
Economia Popular
Ribeirão Preto (SP)
Sindicato dos Assalariados Agrícolas de Colonos

Prontuário: **1609** **Delegacia de Tatuí**
Vulgo: -
Profissão: -
Nacionalidade: -
Naturalidade: -
Datas-limite: **Inicial:** 03/04/1932 **Final:** 16/09/1955
Síntese: Em 1935, em Tatuí, Abrahão Brambella, residente em São Paulo, apresentou acusação contra elementos comunistas, mas não houve confirmações dos nomes dos subversivos. Em 1936, um artigo do *Correio Paulistano* citou a atuação de estudantes extremistas, os quais foram presos pela polícia local. Publicaram também fotos de armas usadas pelos ativistas comunistas. O artigo relatou também que haviam ocorrido numerosas prisões de seguidores do "credo vermelho" nas cidades do interior de São Paulo. Em 1939, encontramos uma lista de cerca de 550 nomes de italianos, associados ao Sindicato de Tatuí, o qual possuía ligações com o Sindicato de Sorocaba. Em 1943, comprovou-se a vigilância de "Súditos do Eixo" na cidade por documentos oficiais que ordenavam o confisco de mapas que estivessem em poder dos súditos. Em 1945, ocorreram diversos pedidos de renovação dos cartões de nacionalidade brasileira.
Palavras-chaves: *Armas*
Comunismo
Correio Paulistano (jornal)
Estudante
Italiano
Mapa
Sindicatos
Sorocaba (SP)
Súditos do Eixo
Tatuí (SP)

Prontuário: 2056 **Delegacia de Vargem Grande**
Vulgo: -
Profissão: -
Nacionalidade: -
Naturalidade: -
Datas-limite: **Inicial:** 04/01/1944 **Final:** 09/10/1952
Síntese: Na cidade de Vargem Grande, região de Casa Branca, não foi verificado nenhum movimento considerado "subversivo"; apenas relatou-se, em 1944, que o movimento político era pequeno e que a cidade possuía uma associação italiana. Constatou-se apenas a presença de alguns fascistas. Vargem Grande permaneceu livre de qualquer movimento suspeito durante o ano de 1944, como pode-se verificar a partir de ofícios mensais enviados para a Delegacia de Ordem Política e Social.
Palavras-chaves: *Associação*
Casa Branca (SP)
Fascismo
Italiano
Vargem Grande (SP)

Prontuário: **1396 vol. 1** **Delegacia Regional de Araçatuba**
Vulgo: -
Profissão: -
Nacionalidade: -
Naturalidade: -
Datas-limite: **Inicial:** 28/12/1931 **Final:** 10/02/1942
Síntese: Em 1934, na cidade de Araçatuba, a polícia registrou assembléias de ferroviários através de radiotelegrama do delegado local confirmando a presença de comunistas entre esse segmento social. Após a realização das assembléias ferroviárias constatou-se a propaganda comunista veiculada através de bandeiras vermelhas e boletins. Ainda no mesmo ano, ocorreu uma manifestação antiintegralistas propagando folhetos, que foram recolhidos pela polícia local. Em 1935, a polícia produziu uma série de listas com o nome dos membros da ANL de Araçatuba e de Guararapes, sendo registrados cerca de 500 filiados. Em 1936, a polícia apreendeu o jornal *Correio da Noroeste*, que destacava a violenta explosão ocorrida na Estação de Araçatuba da Noroeste. A polícia arquivou fotos do atentado

e registrou detalhes sobre os materiais explosivos encontrados. Em 1938, constatou-se o controle policial dos partidos e eleitores locais. No mesmo ano, foi confiscado o material da sede da AIB e fechada a célula de Araçatuba. Em 1942, as autoridades policiais confiscaram um mimeógrafo pertencente a Iwanoswke Nunuma, japonês, proprietário da Tipografia Aliança, responsável pela edição do jornal *Aliança*. No mesmo ano, na cidade de Cafesópolis, na região de Araçatuba, a polícia apreendeu outro mimeógrafo na Associação dos Moços de Cafesópolis com o qual eram produzidos livros em língua japonesa para crianças.

Palavras-chaves: *II Guerra Mundial*
Aliança (jornal)
Aliança Nacional Libertadora (ANL)
Araçatuba (SP)
Associação dos Moços de Cafesópolis (SP)
Atentado
Bandeira
Boletim
Cafesópolis (SP)
Comunismo
Correio da Noroeste (jornal)
Eleição
Estrada de Ferro Noroeste do Brasil
Ferroviário
Folheto
Guararapes (SP)
Integralismo
Japonês
Livro
Súditos do Eixo
Tipografia

Prontuário: **1396 vol. 2** **Delegacia Regional de Araçatuba**
Vulgo: -
Profissão: -
Nacionalidade: -
Naturalidade: -

Datas-limite: **Inicial:** 26/03/1941 **Final:** 14/09/1953
Síntese: Em 1941, a polícia controlou os condutores de veículos automotores, cadastrando o nome, a profissão, a residência do proprietário, a espécie e a chapa do veículo. Em 1943, foram apreendidos aparelhos fotográficos de "Súditos do Eixo" da cidade de Araçatuba. No mesmo ano, o controle policial efetivou-se sob a documentação dos passageiros no aeroporto local. Em 1945, a polícia relatou a presença de colônias japonesas existentes, principalmente, na zona rural. Nessas localidades foram constatadas manifestações da Shindô-Renmei.
Palavras-chaves: *II Guerra Mundial*
Araçatuba (SP)
Japonês
Shindô-Renmei
Súditos do Eixo

Prontuário: **2519 vol. 1** **Delegacia Regional de Araraquara**
Vulgo: -
Profissão: -
Nacionalidade: -
Naturalidade: -
Datas-limite: **Inicial:** 26/08/1933 **Final:** 02/03/1953
Síntese: Em 1935, a polícia regional de Araraquara apreendeu exemplares do jornal *A Razão* e de boletins comunistas que eram distribuídos nas fazendas locais. Em 1936, o delegado local envia à Delegacia de Ordem Política e Social um exemplar do jornal local *O Imparcial* a fim de mostrar qual era o comportamento político e ideológico da imprensa da cidade. Em 1943, a polícia efetuou um relatório da região de Araraquara. O controle policial prosseguiu sobre a política local, o operariado, os estrangeiros, os campos de viação, as linhas de ferro que cortavam a cidade (Cia. Paulista, E.F. Araraquara, Cia. de F. de Dourado, E.F. São Paulo-Goyas). A polícia afirmou que na cidade de Jaboticabal havia grande circulação de "Súditos do Eixo" e de integralistas. Nas cidades de São Carlos, Barretos, Bebedouro e Araraquara, apesar dos centros industriais e do alto número de operários e de ferroviários, não foi constatada nenhuma atividade perigosa.

Palavras-chaves: *II Guerra Mundial*
A Razão (jornal)
Araraquara (SP)
Barretos (SP)
Bebedouro (SP)
Boletim
Comunismo
Ferroviário
Integralismo
Jaboticabal (SP)
O Imparcial (jornal)
Operariado
São Carlos (SP)
Súditos do Eixo

Prontuário: **2519 vol. 2** **Delegacia Regional de Araraquara**
Vulgo: -
Profissão: -
Nacionalidade: -
Naturalidade: -
Datas-limite: **Inicial:** 15/02/1938 **Final:** 10/02/1953
Síntese: Neste volume da delegacia de Araraquara, constatamos que, em 1938, ocorreu o controle sistemático policial dos partidos políticos e eleitores das cidades de Monte Alto, Araraquara e Brotas. No mesmo ano, verificou-se a presença de integralistas em Monte Azul, e em Araraquara, apreendeu-se um boletim integralista referente à reunião ocorrida em Mineiros. Em 1942, constatamos o controle sistemático dos veículos a motor. Em 1943, o delegado local registrou a instalação de súditos italianos na cidade de Araraquara e, no ano seguinte, apreendeu material escolar e reteve o professor de uma escola japonesa local.
Palavras-chaves: *II Guerra Mundial*
Araraquara (SP)
Boletim
Brotas (SP)
Eleição
Escola

Integralismo
Italiano
Japonês
Mineiros (SP)
Monte Alto (SP)
Monte Azul (SP)
Professor
Súditos do Eixo

Prontuário: 547 vol. 1 **Delegacia Regional de Barretos**
Vulgo: -
Profissão: -
Nacionalidade: -
Naturalidade: -
Datas-limite: **Inicial:** 26/01/1931 **Final:** 06/11/1945
Síntese: Em 1931, constatamos, na cidade de Barretos, a greve dos operários da S.A. Frigorífico Anglo, liderada por José Eugênio Carvalho, chefe da Legião Revolucionária do frigorífico. A greve terminou com a demissão de 16 funcionários e a prisão de 3 empregados lituanos. O Delegado de Barretos, através de uma carta para o Delegado de Ordem Política e Social, afirmou que era necessário um investigador no Frigorífico Anglo para reprimir o movimento comunista em atividade. Declarou que era considerável a participação na colônia de lituanos e russos no frigorífico. Em 1934, a polícia passou a controlar o movimento da Legião 5 de Julho em Barretos que, segundo o delegado, tinha um caráter comunista, sendo composta por 150 membros, principalmente da classe operária e membros do Socorro Vermelho, com prestígio na cidade. Em 1935, o Sindicato dos Operários em Frigorífico e o Sindicato da Construção Civil de Barretos foram fechados por terem ligação com a ANL. Em 1936, a polícia registrou a realização de reuniões clandestinas de caráter extremista e de propaganda comunista no Frigorífico Anglo. Em 1937, constatamos a greve na Fazenda Barracão do Frigorífico Wilson do Brasil. No mesmo ano, verificamos um artigo, sem identificação de fonte, que exigia a transferência de Harry Berger, Ghioldi, Miranda, Morales, Braz e Morena, que estariam sendo maltratados por Felinto Müller. Em 1938, a polícia registrou a presença de atividade integralista

em Barretos. Em 1945, foi registrada a manifestação dos estudantes para abaixar o preço das entradas dos cinemas, além do comício do PCB.

Palavras-chaves: *II Guerra Mundial*
Aliança Nacional Libertadora (ANL)
Barretos (SP)
Comício
Comunismo
Estudante
Fazenda Barracão do Frigorífico Wilson do Brasil
Filinto Müller
Frigorífico Anglo S.A.
Ghioldi
Greve
Harry Berger
Integralismo
Legião Revolucionária
Lituano
Operariado
Partido Comunista Brasileiro (PCB)
Russo
Sindicato da Construção Civil
Sindicato dos Operários em Frigorífico
Socorro Vermelho
Súditos do Eixo

Prontuário: 552 vol. 1 **Delegacia Regional de Bauru**
Vulgo: -
Profissão: -
Nacionalidade: -
Naturalidade: -
Datas-limite: **Inicial:** 05/08/1927 **Final:** 03/11/1937
Síntese: Em 1931, a polícia constatou, na cidade de Bauru, a distribuição de boletins comunistas nas propriedades agrícolas da zona Noroeste, através do correio local. No mesmo ano, foi apreendido um exemplar do jornal *Atibaiense*, da cidade de Atibaia. Em 1933, a polícia apreendeu um exemplar do jornal *A Luta*, de São Paulo. Nesse ano verificamos uma

greve liderada pela Liga Operária Regional de Bauru. Em dezembro, ocorreram reuniões envolvendo a Federação Ferroviária de São Paulo, na cidade de Bauru, e o Sindicato dos Ferroviários da São Paulo-Goyaz, na cidade de Bebedouro. Em janeiro de 1934, os ferroviários da Estrada de Ferro Noroeste entraram em greve. No mês seguinte, em Bauru, ocorreu a greve dos condutores de autos e caminhões, com adesão dos vendedores de gasolina. Em 1935, investigações policiais relataram a existência em Bauru de atividades comunistas ligadas às cidades de Agudos, Lençóis, São Manuel e Botucatu. As ligações seriam feitas por elementos ativos que viajavam para diversas cidades, ora de ônibus ora de trem. No mesmo ano, devido a um movimento grevista ferroviário, foi fechado o Sindicato dos Ferroviários da Noroeste. Foi apreendido um artigo do jornal *A Platéia* de 24/04/1935 que destacava a prisão, pelo delegado de Bauru, de um cidadão inocente que permaneceu na prisão por seis dias. Outro artigo do *Diário da Noite*, do mesmo ano, destacou a prisão de suspeitos ferroviários da Noroeste por tentativa de sabotagem no trem em que estava o chefe de polícia Filinto Müller. Em 1936, registrou-se a greve dos operários da Fábrica de Móveis de Leão Bichuski. No ano seguinte, a delegacia local declarou a expulsão do lituano Pedro Merkis.

Palavras-chaves: *II Guerra Mundial*
A Luta (jornal)
A Platéia (jornal)
Agudos (SP)
Atibaia (SP)
Atibaiense (jornal)
Bauru (SP)
Boletim
Botucatu (SP)
Comunismo
Condutor
Diário da Noite (jornal)
Estrada de Ferro Noroeste do Brasil
Expulsão
Fábrica de Móveis de Leão Bichuski
Federação de Ferroviária de São Paulo
Ferroviário
Filinto Müller

Greve
Lençóis (SP)
Liga Operária de Bauru (SP)
Lituano
Operariado
Sabotagem
São Manuel (SP)
Sindicato Ferroviário da São Paulo-Goyaz
Vendedor

Prontuário: 552 vol. 2 **Delegacia Regional de Bauru**
Vulgo: -
Profissão: -
Nacionalidade: -
Naturalidade: -
Datas-limite: **Inicial:** 11/10/1936 **Final:** 04/10/1943
Síntese: Em 1937, verificamos a prisão do lituano Pedro Merkis, que, segundo a polícia, estava envolvido em atividades extremistas na zona Noroeste, especialmente em Presidente Alves e Lins. A polícia relatou que os comunistas, em 1935, foram "desmascarados" e "escorraçados" pelo delegado local, deslocando-se para Presidente Alves e Lins, onde encontraram "campo fértil" para pregarem suas ideologias. Sobre Presidente Alves, relatou-se que a célula do PCB contava com a participação de elementos da prefeitura local. Em 1939, a polícia listou os filiados do Sindicato dos Empregados do Comércio de Bauru. Em 1941, constatamos um artigo de *O Estado de São Paulo* declarando o tabelamento do preço do leite da Empresa Lopes Rio & Cia, que explorava a pasteurização em Bauru. Em 1942, a polícia apreendeu uma caderneta pertencente ao japonês Shizuishi Taguchi. Verificamos anexado ao prontuário (provavelmente datado do ano de 1942) um artigo, sem identificação da fonte, que apoiava as medidas do delegado local contra movimentação de súditos japoneses. Nesse ano, foram registradas invasões policiais em casas de japoneses nas cidades de Cabrália e Piratininga.
Palavras-chaves: *II Guerra Mundial*
Bauru (SP)
Cabrália (SP)

Comunismo
Economia Popular
Japonês
Lins (SP)
Lituano
Partido Comunista Brasileiro (PCB)
Piratininga (SP)
Presidente Alves (SP)
Sindicato dos Empregados do Comércio de Bauru
Súditos do Eixo

Prontuário: 552 vol. 3 **Delegacia Regional de Bauru**
Vulgo: -
Profissão: -
Nacionalidade: -
Naturalidade: -
Datas-limite: **Inicial:** 10/02/1938 **Final:** 09/02/1953
Síntese: Em 1938, constatamos a ocorrência, de forma sistemática, de controle policial nas cidades de Bauru, Garça, Duartina, São José da Bocaina, Iacanga, Barra Bonita, Bariri, Vera Cruz, Agudos e Perdeneiras, além dos partidos e eleitores locais. No mesmo ano, um informe do Delegado de Bauru para o Delegado de Marília declara que ali existia uma casa de Representações e Importação que armazenava armas para os integralistas de Lins e Bauru. Segundo o Delegado de Bauru, o material era direcionado para diversas cidades, sendo Bauru o centro distribuidor para todo o interior paulistano. No mesmo ano, ocorreu a apreensão do material da AIB. Registraram-se as declarações de Jurandyr Bueno, chefe da AIB de Bauru. A polícia relatou uma lista de cerca de 140 nomes de comunistas radicados em Bauru, dentre os quais diversos espanhóis, alemães, armênios, portugueses e italianos. Em 1943, a polícia apreendeu, na cidade de Vera Cruz, 4300 volumes de livros e revistas em idioma dos "Súditos do Eixo", principalmente japoneses.
Palavras-chaves: *II Guerra Mundial*
Ação Integralista Brasileira (AIB)
Agudos (SP)
Alemão

Armas
Armênios
Bariri (SP)
Barra Bonita (SP)
Bauru (SP)
Censura
Comunismo
Duartina (SP)
Eleição
Espanhol
Garça (SP)
Iacanga (SP)
Integralismo
Italiano
Japonês
Lins (SP)
Livro
Marília (SP)
Perdeneiras (SP)
Português
Revista
São José da Bocaina (SP)
Súditos do Eixo
Vera Cruz (SP)

Prontuário: **588 vol. 1** **Delegacia Regional de Botucatu**
Vulgo: -
Profissão: -
Nacionalidade: -
Naturalidade: -
Datas-limite: **Inicial:** 02/02/1931 **Final:** 28/04/1938
Síntese: Em 1931, registrou-se em Botucatu a apreensão de boletins do Partido Comunista Brasileiro contra a burguesia, o capitalismo estrangeiro e os fazendeiros. O boletim foi encontrado na cidade de Ipauçu e enviado para um colono em Botucatu. Houve a apreensão também do jornal *A Classe Operária* (30/12/1930). Ainda no mesmo ano, ocorreu também a

apreensão de um boletim, vindo do Rio de Janeiro, contra os golpes militares. Em 1934, ocorreu uma tentativa de greve entre os operários da cidade. Em 1935, um médico delatou outro médico italiano, acusando-o de antifascista e comunista. Ocorreu também greve de ferroviários da Estrada de Ferro Sorocabana. Em 1936, foram distribuídos clandestinamente boletins comunistas por elementos vindo de Avaré e que rumaram em direção à Alta Sorocabana, região de Presidente Prudente. Em 1937, registrou-se a presença de integralistas que fizeram falsas denúncias de armas que estariam em poder dos ferroviários.

Palavras-chaves: *A Classe Operária (jornal)*
Armas
Avaré (SP)
Boletim
Botucatu (SP)
Colono
Comunismo
Estrada de Ferro Sorocabana
Fascismo
Ferroviário
Greve
Integralismo
Ipauçu (SP)
Italiano
Operariado
Presidente Prudente (SP)
Rio de Janeiro (RJ)

Prontuário: **588 vol. 2** **Delegacia Regional de Botucatu**
Vulgo: -
Profissão: -
Nacionalidade: -
Naturalidade: -
Datas-limite: **Inicial:** 16/09/1936 **Final:** 09/07/1945
Síntese: Em 1936, registrou-se o controle policial dos partidos, candidatos políticos e eleitores de Botucatu. O Partido Constitucionalista possuía o maior número de eleitores (3000 eleitores). Em 1938, a Delegacia de

Palmital remeteu à Delegacia de Botucatu uma relação de políticos mais evidentes e suspeitos e também de integralistas ativos e simpatizantes. Chegou-se em torno de 400 nomes entre ativos e simpatizantes integralistas e mais 30 de políticos suspeitos do Partido Constitucionalista e do Partido Republicano Paulista. Não foi citado nenhum comunista. Na relação de Botucatu constavam 16 nomes de suspeitos comunistas, 15 da AIB e 16 do PC, 9 do PRP, 6 dos dissidentes do PRP e 4 dos dissidentes do PC. Em 1940, registrou-se uma grande distribuição de boletins comunistas em Botucatu. Em 1945, solicitou-se cerca de 20 salvo-condutos para estrangeiros residentes em Botucatu.

Palavras-chaves: *Ação Integralista Brasileira (AIB)*
Boletim
Botucatu (SP)
Eleição
Estrangeiro
Integralismo
Palmital (SP)
Partido Constitucionalista (PC)
Partido Republicano Paulista (PRP)
Salvo-Conduto

Prontuário: **588 vol. 3** **Delegacia Regional de Botucatu**
Vulgo: -
Profissão: -
Nacionalidade: -
Naturalidade: -
Datas-limite: **Inicial:** 28/08/1937 **Final:** 05/08/1953

Síntese: Em 1935, constatou-se um movimento político articulado por ferroviários comunistas. Em 1937, registrou-se a propaganda do "Sigma", no entanto, o Integralismo apresentava poucos seguidores. No mesmo ano, confirmou-se a organização de dissidentes do Partido Republicano Paulista e do Partido Constitucionalista. Destacou-se o movimento integralista em Tietê, Conchas, Laranjal Paulista e um pequeno número de ativistas em Sorocaba. Já o comunismo, propagou-se em Tietê e Sorocaba. Nesta, em 1936, registrou-se a presença de espanhóis comunistas e uma greve na Fábrica Votorantin pelo Sindicato dos Tecelãos. Em 1945, constatou-se a presença de súditos italianos e a ameaça de um comício comunista em Avaré.

Palavras-chaves: *II Guerra Mundial*
Avaré (SP)
Comunismo
Conchas (SP)
Espanhol
Fábrica Votorantin
Ferroviário
Greve
Integralismo
Laranjal Paulista (SP)
Partido Constitucionalista (PC)
Partido Republicano Paulista (PRP)
Sindicato dos Operários Tecelões de Sorocaba
Sorocaba (SP)
Súditos do Eixo
Tecelão
Tietê (SP)

Prontuário: **549 vol. 1** **Delegacia Regional de Campinas**
Vulgo: -
Profissão: -
Nacionalidade: -
Naturalidade: -
Datas-limite: **Inicial:** 19/08/1935 **Final:** 05/09/1945
Síntese: Em 1933, constatou-se a movimentação de grupos anticlericais de Campinas e São Paulo que se reuniam na sede do PSB. No mesmo ano, verificou-se a distribuição, pelo Sindicato dos Empregados de Padarias de Campinas, de boletins do Partido Comunista Brasileiro, onde pregavam a reação do trabalhador, incentivando a greve. Em 1934, ocorreu a greve de padeiros de Campinas, a qual foi pacífica e não atingiu todas as padarias. O movimento recebeu apoio do Comitê local do Socorro Vermelho Internacional. Em 1935, ocorreu outra greve, dessa vez dos operários da Fábrica de Sedas Internacional. O movimento foi pacífico, e os operários reivindicavam férias. No mesmo ano, um artigo publicado

pela *Folha da Manhã* (15/08) convidava a população para uma reunião entre os 12 sindicatos existentes em Campinas. O encontro realizou-se na sede do Sindicato dos Ferroviários da Cia. Mogiana. Em Nova Odessa foi apreendido o jornal lituano *AIDAS*, acusado de propagar idéias comunistas e que estava endereçado a um cidadão lituano residente naquela cidade. Em 1938, investigou-se a movimentação em Campinas do Grêmio Recreativo Esportivo dos Operários da Cia. Paulista de Estada de Ferro, do Grêmio Português e do *Fascio* italiano. Ainda no mesmo ano, ocorreu uma greve dos motoristas de aluguel que reivindicavam liberdade em relação ao uso de boné. Em 1942, verificou-se uma lista de cerca de 60 nomes com os respectivos endereços residenciais de japoneses que moravam em Campinas. Em 1943, emitiu-se salvo-condutos para menores de idade de nacionalidade estrangeira. Em 1945, realizou-se comício para Luís Carlos Prestes por Azildo Barata.

Palavras-chaves: *II Guerra Mundial*
Agildo Barata
AIDAS (Jornal)
Anticlericarismo
Boletim
Campinas (SP)
Comunismo
Fábrica de Sedas Internacional
Fascismo
Folha da Manhã (jornal)
Grêmio Recreativo Esportivo dos Operários da Cia. Paulista
Greve
Japonês
Lituano
Luís Carlos Prestes
Motorista
Nova Odessa (SP)
Operariado
Padeiro
Salvo-Conduto
Sindicato dos Empregados de Padarias de Campinas
Sindicato dos Ferroviários da Cia. Mogiana de Estrada de Ferro

Socorro Vermelho
Súditos do Eixo

Prontuário: 2055 **Delegacia Regional de Casa Branca**
Vulgo: -
Profissão: -
Nacionalidade: -
Naturalidade: -
Datas-limite: **Inicial:** 22/08/1935 **Final:** 28/08/1953

Síntese: Em 1935, na cidade de Casa Branca, constatou-se a circulação de propaganda integralista através de boletins (21/08/1935 e 22/08/1935). Os integralistas pregavam suas idéias e veiculavam um discurso francamente anticomunista. Ainda no mesmo ano, registraram-se as situações dos partidos locais, entre eles o da Ação Integralista, chefiada por um professor. Verificou-se que a maioria dos adeptos era composta por alunos (menores de idade) e professores, sendo que o ideário político integralista era propagado abertamente ou livremente durante as aulas. Registrou-se também que esses ativistas tinham contato com outros seguidores do Integralismo em Ribeirão Preto. No mesmo ano, confirmaram-se ligações comunistas entre a Zona Norte e a cidade de São Paulo. Não foi registrada nenhuma manifestação comunista na cidade de Casa Branca. Em 1936, ficaram sob controle os partidos, os candidatos políticos e os eleitores locais, com destaque para o Partido Constitucionalista, que tinha maior expressão entre o eleitorado (1508 eleitores). Em 1938, constatou-se a circulação do jornal integralista *Acção* (21/03). Em 1942, foram apreendidos veículos de "Súditos do Eixo", sendo a maioria de propriedade de italianos. Em 1945, registrou-se a realização de comícios da UDN e do PSD. No mesmo ano, registrou-se a situação política, social e econômica de Casa Branca, destacando-se que os ferroviários locais não se envolviam nas questões sociais.

Palavras-chaves: *II Guerra Mundial*
Acção (jornal)
Ação Integralista Brasileira (AIB)
Boletim
Casa Branca (SP)
Comício

Eleição
Estudante
Ferroviário
Integralismo
Italiano
Partido Constitucionalista (PC)
Professor
Ribeirão Preto (SP)
Súditos do Eixo
União Democrática Nacional (UDN)

Prontuário: 40773 **Delegacia Regional de Guaratinguetá**
Vulgo: -
Profissão: -
Nacionalidade: -
Naturalidade: -
Datas-limite: **Inicial:** 23/10/1936 **Final:** 12/03/1955
Síntese: Em 1936, na regional de Guaratinguetá, a polícia controlou o movimento político local através da relação dos partidos e eleitores da cidade. Em 1939, foi encontrado um pacote contendo boletins editados pelo Comitê Regional de São Paulo, do PCB, pró-reagrupamento da vanguarda revolucionária (comunista). Em 1943, o delegado local solicitou, através de radiotelegrama para o Superintendente de Segurança Política e Social, providências sobre o destino de alemães que estariam internados na Escola Prática de Agricultura local. Nesse mesmo ano, a polícia emitiu salvo-conduto para Taubaté ao alemão Isaak Deck, que continuou sob vigilância. Em 1944, o cidadão Antônio Pereira da Silva denunciou comerciantes locais de câmbio negro e a polícia local reteve o salvo-conduto do italiano Pedro Capio. Em maio de 1945, cerca de 370 operários da Fábrica de Papel Nossa Senhora Aparecida declararam greve por aumento de salários.
Palavras-chaves: *II Guerra Mundial*
Alemão
Boletim
Câmbio Negro
Campo de Concentração

Delação
Eleição
Escola Prática de Agricultura de Guaratinguetá
Fábrica de Papel Nossa Senhora Aparecida
Greve
Guaratinguetá (SP)
Internamento
Partido Comunista Brasileiro (PCB)
Salvo-Conduto
Súditos do Eixo
Taubaté (SP)

Prontuário: **3433 vol. 1** **Delegacia Regional de Itapetininga**
Vulgo: -
Profissão: -
Nacionalidade: -
Naturalidade: -
Datas-limite: **Inicial:** 06/02/1935 **Final:** 29/04/1953
Síntese: Em 1935, a regional de Itapetininga registrou a greve da Indústria Reunidas Francisco Matarazzo por aumento de salários. Em 1936, a polícia informou a Delegacia de Ordem Política e Social sobre a dissolução da AIB. No mesmo ano, ficaram sob a vigilância os partidos e eleitores locais. Em 1938, a polícia reafirmou a dissolução da AIB e informou que a mesma não mais se reunia na cidade. Em 1942, o Gabinete de Investigação realizou uma intensa vigilância na região de Itapetininga, constatando a presença de estrangeiros, redes de transportes, propagandas políticas e avaliando a organização da polícia local. Em Itapetininga, verificou-se a presença de colônias de japoneses, italianos, alemães, austro-alemães e húngaros. A cidade contava com Associação Atlética de Itapetininga, Clube Recreativo 13 de Maio e Clube Venâncio Aires. Sobre o Integralismo, ocorria movimentação durante a existência legal da AIB, no entanto, foi registrado pela polícia um subnúcleo em uma fazenda local. A ação dos comunistas foi identificada em diferentes tempos e espaços regionais.
Palavras-chaves: *II Guerra Mundial*
Ação Integralista Brasileira (AIB)
Alemão

Associação Atlética de Itapetininga
Austríaco
Clube Recreativo 13 de Maio
Clube Venâncio Aires
Comunismo
Eleição
Fazenda
Greve
Húngaro
Indústria Francisco Matarazzo
Integralismo
Italiano
Itapetininga (SP)
Japonês
Súditos do Eixo

Prontuário: **3433 vol. 2** **Delegacia Regional de Itapetininga**
Vulgo: -
Profissão: -
Nacionalidade: -
Naturalidade: -
Datas-limite: **Inicial:** 22/02/1938 **Final:** 28/11/1955
Síntese: O segundo volume do prontuário elaborado pela Delegacia Regional de Itapetininga registra que, em 1938, os partidos e eleitores locais estavam sob constante vigilância. No mesmo ano, através de um ofício do delegado de Itapetininga para a Superintendência, a vigilância confirmou a ausência de qualquer movimentação político-social na cidade. Em 1945, constatou-se um comício do PCB, cujos chefes locais eram ferroviários da Estrada de Ferro Sorocabana.
Palavras-chaves: *Comício*
Eleição
Estrada de Ferro Sorocabana
Ferroviário
Itapetininga (SP)
Partido Comunista Brasileiro (PCB)

Prontuário: 2027 **Delegacia Regional de Jaú**
Vulgo: -
Profissão: -
Nacionalidade: -
Naturalidade: -
Datas-limite: **Inicial:** 27/07/1932 **Final:** 20/10/1964
Síntese: Em 1933, registrou-se em um artigo de jornal *O Dia* (9/09) que o movimento comunista agia constantemente nas cidades de Jaú, Bocaina, Dois Córregos, Bariri, Piratininga e Guarantan, pregando suas idéias entre os agricultores e colonos. Em 1935, chegou até a polícia uma carta anônima defendendo o comunismo e atacando os defensores dos "galinhas verdes". Cita o assassinato do jornalista Apporelly e do estudante Tobias Warcesawskg, que se opuseram aos integralistas no Rio de Janeiro. No mesmo ano, afirmou-se a existência de um Partido Comunista Jauense. Em 1936, a polícia procurou controlar os partidos, os candidatos políticos e os eleitores locais, sendo o Partido Constitucionalista o de maior prestígio entre o eleitorado (2823 eleitores). Em 1938, a polícia registrou uma ligação entre o movimento integralista de Jaú com o de Rio Claro. Apreenderam-se armamentos e material de propaganda integralista no local da extinta sede do partido. Em 1945, constatou-se que Jaú possuía seis famílias japonesas que foram proibidas de exibirem filmes sobre o Japão.
Palavras-chaves: *Ação Integralista Brasileira (AIB)*
Bariri (SP)
Bocaina (SP)
Cinema
Colono
Comunismo
Delação
Dois Córregos (SP)
Eleição
Estudante
Guarantan (SP)
Integralismo
Japonês
Jaú (SP)
Jornalista
O Dia (jornal)

Partido Constitucionalista (PC)
Piratininga (SP)
Rio Claro (SP)
Rio de Janeiro (RJ)

Prontuário: **550 vol. 1** **Delegacia Regional de Presidente Prudente**

Vulgo: -
Profissão: -
Nacionalidade: -
Naturalidade: -
Datas-limite: **Inicial:** 03/02/1931 **Final:** 20/03/1944

Síntese: Em 1931, registrou-se uma greve de colonos na cidade de Presidente Prudente. Em 1934, constatou-se a propaganda comunista em Lutécia, cidade da região de Prudente, veiculada através de jornais clandestinos. Em 1935, relatou-se a presença constante de comunistas em Presidente Prudente que, além de propagarem suas idéias livremente, chegaram a desfilar no centro da cidade com lenços vermelhos saldando o "credo vermelho", sem serem incomodados pela polícia. Devido à ausência de repressão policial, os comunistas de Presidente Prudente atuavam politicamente fazendo circular idéias "subversivas". No mesmo ano, verificou-se na cidade de Lutécia comícios e reuniões da ANL. Em 1936, ocorria uma movimentação comunista nas cidades de Quatá, Rancharia, Paraguaçu e João Ramalho, ano em que ocorreria o controle policial dos partidos, candidatos políticos e eleitores da cidade de Prudente. O Partido Constitucionalista possuía o maior prestígio entre os eleitores (797 eleitores). Em 1937, Presidente Prudente ainda convivia com os comunistas sem, no entanto, participarem da ANL, que temia a ação policial nas vésperas do Estado Novo. Em 1938, um lavrador do Município de Maracaí, comarca de Paraguaçu, delatou a existência de uma comunidade alemã no referido município, composta por cerca de 340 famílias que viviam com costume, língua e instrução diferentes da brasileira. Junto ao prontuário encontra-se anexada a foto da comunidade alemã, produzida pela polícia local. Investigações policiais confirmaram a existência da colônia, que se chamava Rio Grandense e de outra conhecida como Laranjeiras, próximo à cidade de Assis.

Palavras-chaves: *II Guerra Mundial*
Alemão
Aliança Nacional Libertadora (ANL)
Assis (SP)
Colônia Laranjeiras
Colônia Rio Grandense
Colono
Comício
Comunismo
Delação
Eleição
Greve
Imprensa Clandestina
João Ramalho (SP)
Jornal
Lutécia (SP)
Maracaí (SP)
Paraguaçu Paulista (SP)
Presidente Prudente (SP)
Quatá (SP)
Rancharia (SP)
Súditos do Eixo

Prontuário: **550 vol. 2** **Delegacia Regional de Presidente Prudente**
Vulgo: -
Profissão: -
Nacionalidade: -
Naturalidade: -
Datas-limite: **Inicial:** 11/02/1938 **Final:** 17/01/1947
Síntese: Em 1942, tornou-se sistemático o controle policial, pela regional de Presidente Prudente, de estrangeiros residentes no município de Maracaí. Foi feito um levantamento quanto ao sexo e à idade. No mesmo ano, o delegado de Maracaí alertou o Secretário da Segurança Pública sobre o excessivo número de alemães presentes na cidade. Em 1944, constatou-se um radiotelegrama do delegado de Piracicaba no qual solicitou

investigações sobre o telegrama enviado por uma senhora de sobrenome Mendes a Francisco Gonçalves de Presidente Epitácio, região de Presidente Prudente. No mesmo ano, a polícia controlou o trabalho de súditos nipônicos em plantações de mentol. Em 1945, o DOPS perseguiu autos de Metodistas, proibindo-os em vias públicas. No mesmo ano, foram apreendidos rádios pertencentes a japoneses.

Palavras-chaves: *II Guerra Mundial*
Alemão
Estrangeiro
Japonês
Maracaí (SP)
Metodista
Niponismo
Piracicaba (SP)
Presidente Epitácio (SP)
Presidente Prudente (SP)
Rádio
Súditos do Eixo

Prontuário: **994 vol. 1** **Delegacia Regional de SãoJosé do Rio Preto**

Vulgo: -
Profissão: -
Nacionalidade: -
Naturalidade: -
Datas-limite: **Inicial:** 23/09/1936 **Final:** 11/11/1950

Síntese: Na cidade de São José do Rio Preto, localizada ao norte do Estado, constatamos o controle policial dos partidos, candidatos políticos e eleitores envolvidos com as eleições de 1936. Na cidade, destacou-se o Partido Municipal pela Grandeza de Rio Preto, no entanto, o Partido Constitucionalista possuía o maior número de eleitores (1929). Em 1942, constatou-se em Nova Granada, município da Região de Rio Preto, a presença de súditos italianos e alemães, portadores de veículos automotores que foram apreendidos pela polícia local. Em 1943, foram pedidos cerca de 250 salvo-condutos para os súditos do Eixo localizados em São José do Rio Preto. Em 1944, registraram-se casos de câmbio negro nas cidades de Tanadi, Palestina e Pindorama, pertencentes à região de São José do Rio Preto. Em 1946, foram registrados casos de comícios e atividades comunistas.

Palavras-chaves: *II Guerra Mundial*
Alemão
Câmbio Negro
Comício
Comunismo
Eleição
Italiano
Palestina (SP)
Partido Constitucionalista (PC)
Partido Municipal pela Grandeza de Rio Preto
Pindorama (SP)
Salvo-Conduto
São José do Rio Preto (SP)
Súditos do Eixo
Tanadi (SP)

Prontuário: **997 vol. 1** **Delegacia Regional de Sorocaba**
Vulgo: -
Profissão: -
Nacionalidade: -
Naturalidade: -
Datas-limite: **Inicial:** 03/01/1938 **Final:** 12/02/1952

Síntese: Na cidade de Sorocaba, em 1938, a polícia verificou a atividade comunista entre os ferroviários locais, suspeitando da participação de elementos de nacionalidade espanhola. Em 1941, relataram-se os sócios do Sindicato dos Operários Tecelões de Sorocaba. Em 1944, a polícia registrou a presença de súditos italianos sem autorização policial. Em 1945, verificamos o comício do PCB.

Palavras-chaves: *II Guerra Mundial*
Comício
Comunismo
Espanhol
Ferroviário
Italiano

Partido Comunista Brasileiro (PCB)
Sindicato dos Operários Tecelões de Sorocaba (SP)
Sorocaba (SP)
Súditos do Eixo

Prontuário: 997 vol. 3 **Delegacia Regional de Sorocaba**
Vulgo: -
Profissão: -
Nacionalidade: -
Naturalidade: -
Datas-limite: **Inicial:** 23/02/1942 **Final:** 24/05/1954
Síntese: No terceiro volume da delegacia de Sorocaba, em 1944, verificamos a apreensão de açúcar, gasolina e querosene de comerciantes, que os comercializavam clandestinamente. Em 1945, a polícia constatou o comício do PCB. No mesmo ano, registrou-se a movimentação política através dos partido e eleitores das cidades de Presidente Epitácio, Presidente Venceslau, Santo Anastácio e Presidente Prudente.
Palavras-chaves: *II Guerra Mundial*
Comício
Economia Popular
Eleição
Partido Comunista Brasileiro (PCB)
Presidente Epitácio (SP)
Presidente Prudente (SP)
Presidente Venceslau (SP)
Santo Anastácio (SP)
Sorocaba (SP)

Prontuário: 570 **Delegacia Regional de Taubaté**
Vulgo: -
Profissão: -
Nacionalidade: -
Naturalidade: -
Datas-limite: **Inicial:** 07/05/1933 **Final:** 29/01/1954

Síntese: Em 1935, a polícia investigou, na cidade de Taubaté, atividades políticas suspeitas por parte das fábricas de Juta Fabril e Cia. Taubaté Industrial. Em 1936, controlaram-se os sindicatos dos Operários em Fiação e Tecelagem, dos Operários em Fábricas de Botões, dos Operários em Construção Civil. Todos os sindicatos locais tinham o apoio do prefeito de Taubaté. Em 1937, a polícia declarou que os sindicatos locais e a Sociedade Operária de Mútuo Socorro não exerciam atividades subversivas. Em 1938, constatamos a greve dos operários da Fábrica de Juta de Taubaté. No mesmo ano, foram apreendidos dois exemplares do jornal *Folha de Taubaté* de 1933 e 1936. Nesse destacou-se o aviso aos operários para se filiarem ao Sindicato de Fiação e Tecelagem. Em 1939, a polícia registrou os nomes dos diretores dos sindicatos locais. Em 1945, a polícia constatou caso de câmbio negro na venda de produtos farmacêuticos.

Palavras-chaves: *Câmbio Negro*
Cia. Taubaté Industrial
Economia Popular
Fábrica
Folha de Taubaté (jornal)
Greve
Indústria Farmacêutica
Juta Fabril
Operariado
Sindicato dos Operários em Construção Civil
Sindicato dos Operários em Fábricas de Botões
Sindicato dos Operários em Fiação e Tecelagem
Sociedade Operária de Mútuo Socorro

Prontuário: 79850 **Domingos Bianchini**
Vulgo: -
Profissão: -
Nacionalidade: -
Naturalidade: -
Datas-limite: **Inicial:** 13/06/1946 **Final:** -

Síntese: Domingos Bianchini foi fichado como comunista pela polícia, juntamente com mais 340 cidadãos atuantes na cidade de Ribeirão Preto (SP).

Palavras-chaves: *Comunismo*
Ribeirão Preto (SP)

Prontuário: 69849 **Domingos Francisco Alves**
Vulgo: -
Profissão: -
Nacionalidade: -
Naturalidade: -
Datas-limite: **Inicial:** 09/09/1936 **Final:** -
Síntese: Domingos Francisco Alves esteve entre os 400 integralistas da cidade de Palmital (SP) fichados no DEOPS.
Palavras-chaves: *Integralismo*
Palmital (SP)

Prontuário: 869 **Domingos Pimentel de Miranda**
Vulgo: -
Profissão: Ferroviário
Nacionalidade: Brasileira
Naturalidade: Tucano (BA)
Datas-limite: **Inicial:** 21/01/1936 **Final:** 03/09/1951
Síntese: Domingos de Miranda foi acusado pela polícia de ser filiado ao Sindicato dos Ferroviários da Noroeste do Brasil e ativista da Aliança Nacional Libertadora de Bauru (SP), em nome da qual proferia comícios e reuniões políticas juntamente com Jeronymo Cunto Jr, José Amado e outros.
Palavras-chaves: *Aliança Nacional Libertadora (ANL)*
Bauru (SP)
Comício
Sindicato dos Ferroviários da Estrada de Ferro Noroeste do Brasil

Prontuário: 2346 **Domingos Teixeira Pinto**
Vulgo: -
Profissão: Ferroviário
Nacionalidade: Portuguesa
Naturalidade: -
Datas-limite: **Inicial:** 10/04/1933 **Final:** 18/12/1947
Síntese: Domingos Teixeira Pinto, segundo a polícia, era tesoureiro e principal auxiliar do Sindicato da Cia. Paulista. Possuía ligação com o

PSB e era companheiro político de Nuncio Soares e João Soares Pinheiros. Em 1947, o prontuariado fez parte de um abaixo-assinado, enviado ao Chefe de Segurança Nacional, contra o fechamento do PCB.

Palavras-chaves: *Ferroviário*
Partido Comunista Brasileiro (PCB)
Partido Socialista Brasileiro (PSB)
Português
São Carlos (SP)
Sindicato da Cia. Paulista de Estrada de Ferro

Prontuário: **30910** **Domingos Vizioli**
Vulgo: -
Profissão: Professor
Nacionalidade: Brasileira
Naturalidade: Piracicaba (SP)
Datas-limite: **Inicial:** 06/10/1944 **Final:** -
Síntese: Domingos Vizioli foi considerado integralista da cidade de Tatuí (SP).
Palavras-chaves: *Integralismo*
Tatuí (SP)

Prontuário: **3511** **Durvalino Peixoto Silveira**
Vulgo: -
Profissão: Barbeiro
Nacionalidade: Brasileira
Naturalidade: Rio de Janeiro (RJ)
Datas-limite: **Inicial:** 27/04/1935 **Final:** 10/09/1947
Síntese: Em 1935, na cidade de Bauru (SP), Durvalino Silveira foi acusado de participar da Juventude Comunista local e promover reuniões "subversivas" com Antônio Duarte, sua companheira Lúcia Albano e Adelgido Justiniano de Paula.
Palavras-chaves: *Bauru (SP)*
Juventude Comunista
Mulher

Prontuário: 1957 **Eduardo Eskewaski**
Vulgo: -
Profissão: Operário
Nacionalidade: -
Naturalidade: -
Datas-limite: **Inicial:** 15/06/1932 **Final:** 22/06/1932
Síntese: Em 1932, Eduardo Eskewaski, operário do Frigorífico Anglo de Barretos (SP), foi considerado pela polícia propagandista do comunismo. O Delegado de Ordem Política e Social ordenou ao Delegado de Bebedouro que detivesse o prontuariado, confiscando-lhe os documentos que comprovassem suas atividades comunistas. Segundo informe do delegado de Bebedouro (SP), a ordem não poderia ser cumprida pois Eduardo Eskewaski estava foragido.
Palavras-chaves: *Barretos (SP)*
Bebedouro (SP)
Comunismo
Frigorífico Anglo S.A.

Prontuário: 765 **Egyno Terciane**
Vulgo: -
Profissão: Operário
Nacionalidade: Italiana
Naturalidade: Resso
Datas-limite: **Inicial:** 10/03/1938 **Final:** 11/07/1947
Síntese: Egyno Terciani, segundo um inquérito policial de 1938, participou do movimento comunista dos operários da Votorantin juntamente com Laurentino Marques e Jurandyr Sanches, também prontuariados. Esses cidadãos foram considerados agitadores, propagandistas e perigosos elementos da ação comunista na cidade de Sorocaba (SP). Egyno Terciani foi processado em 1937 e absolvido em 1938.
Palavras-chaves: *Comunismo*
Fábrica Votorantin
Sorocaba (SP)

Prontuário: 604 **Ernesto Imparato**
Vulgo: -
Profissão: Operário
Nacionalidade: Brasileira
Naturalidade: São Paulo
Datas-limite: **Inicial:** 25/02/1938 **Final:** 25/05/1938
Síntese: Em 1938, Ernesto Imparato foi identificado como responsável pelas atividades subversivas na Fábrica Votorantin de Sorocaba. Foi classificado como "comunista, propagandista e agitador da classe operária". Segundo a polícia, Imparato possuía antecedentes como criminoso político. Em 1920, foi identificado para legitimação; em 1921, recolhido para averiguações como operário da Votorantin e, em 1938, processado como comunista.
Palavras-chaves: *Comunismo*
Fábrica Votorantin
Operariado
Sorocaba (SP)

Prontuário: 2432 vol. 1 **Ferroviários**
Vulgo: -
Profissão: -
Nacionalidade: -
Naturalidade: -
Datas-limite: **Inicial:** -/08/1932 **Final:** 20/04/1943
Síntese: Neste prontuário, constatamos os mecanismos de controle policial sobre a movimentação dos ferroviários no país, principalmente no Estado de São Paulo. Em 1932, registrou-se a apreensão de um boletim do Sindicato Ferroviário da sede de São Carlos. Em 1933, a polícia verificou uma assembléia geral da São Paulo Railway. Em abril desse ano, ocorreu uma reunião em São Carlos com os representantes das vias férreas do interior. Em junho, apreendeu-se um exemplar do jornal *O Trilho* e constatou-se a realização do Congresso dos Ferroviários, no qual discutiram planos de reivindicação e melhorias para a classe. Em outubro, ocorreu uma reunião, em Bebedouro, dos sindicatos ferroviários paulistas e do Sindicato dos Empregados no comércio da localidade. Em novembro, a polícia controlou a movimentação sindical de São Carlos, Bauru e Rio

Claro. Em dezembro, a polícia suspeitou de greve geral dos funcionários da S.P. Railway e da E.F. Sorocabana, prevista para janeiro de 1934. No mesmo mês, a polícia controlou uma reunião dos Sindicatos dos Ferroviários, constatando que estes estavam preparando um golpe, tendo ligações com a Legião Cívica 5 de Julho. O Delegado de Ordem Política e Social destacou algumas cidades do interior, onde estavam instaladas as delegações ferroviárias, para maior controle policial. As cidades eram Araraquara, São Carlos, Sorocaba, Ityrapina, Botucatu, Dois Córregos, Bauru, Lins, Araçatuba, Ribeirão Preto, Bebedouro, Assis, Jundiaí, Santos e Alto da Serra. Nessas localidades a polícia destacou os pontos principais a serem vigiados. Em 1934, a polícia listou os presos políticos envolvidos com o movimento ferroviário. No interior, foram registrados cerca de 20 nomes. No mesmo ano, constatamos intensa comunicação entre as principais cidades do interior envolvidas com o movimento ferroviário e vigiadas pela Delegacia de Ordem Política e Social. Os delegados das cidades informavam sobre a paralisação ferroviária e o fracasso do movimento como conseqüência do grande controle policial. A greve ocorreu na madrugada do dia 19 de janeiro de 1934.

Palavras-chaves: *Alto da Serra (SP)*
Araçatuba (SP)
Araraquara (SP)
Assis (SP)
Bauru (SP)
Bebedouro (SP)
Boletim
Botucatu (SP)
Congresso Ferroviário
Dois Córregos (SP)
Ferroviário
Greve
Ityrapina (SP)
Jundiaí (SP)
Legião Cívica 5 de Julho
Lins (SP)
O Trilho (jornal)
Ribeirão Preto (SP)
Santos (SP)

São Carlos (SP)
Sorocaba (SP)

Prontuário: 2215 **Francisco Pinto**
Vulgo: Chico
Profissão: Ferroviário
Nacionalidade: Brasileira
Naturalidade: Barra Mansa (SP)
Datas-limite: **Inicial:** 21/01/1936 **Final:** 10/09/1947
Síntese: Em 1936, Francisco Pinto declarou pertencer ao Sindicato dos Ferroviários da Noroeste. Negou sua adesão à ANL ou a qualquer outra corrente política, assim como declarou não freqüentar comícios nem sindicatos. Porém, para a polícia, Francisco Pinto era identificado como elemento de propaganda comunista na cidade de Bauru e participante do referido movimento extremista, endossado pelo Sindicato dos Ferroviários da Noroeste. O prontuariado foi preso em 28 de janeiro de 1936 e posto em liberdade em 17 de março de 1937.
Palavras-chaves: *Aliança Nacional Libertadora (ANL)*
Bauru (SP)
Comunismo
Ferroviário
Sindicato dos Ferroviários da Estrada de Ferro Noroeste do Brasil

Prontuário: 17587 **Godofredo Pignatário ou Pignatário Godofredo**
Vulgo: -
Profissão: -
Nacionalidade: -
Naturalidade: -
Datas-limite: **Inicial:** 2/09/1939 **Final:** -
Síntese: Em 1939, Godofredo Pignatário foi registrado pela Polícia Política como diretor da Sociedade Italiana Fascista de Rio Claro (SP) e seguidor do Fascismo e do Integralismo.
Palavras-chaves: *Fascismo*
Integralismo

Rio Claro (SP)
Sociedade Italiana

Prontuário: 2244 **Indalécio Gomes**
Vulgo: -
Profissão: Canteiro
Nacionalidade: Espanhola
Naturalidade: Província de Cácere
Datas-limite: **Inicial:** 25/06/1934 **Final:** 16/01/1947

Síntese: Em 1934, a polícia invadiu a sala onde ocorria uma reunião comunista, na cidade de Sorocaba, da qual participavam indivíduos comunistas da Estrada de Ferro Sorocabana. Foram presos doze elementos, entre eles Indalécio Gomes, e confiscado material de propaganda comunista, principalmente, boletins da ANL. Segundo relatório policial, esses cidadãos pertenciam ao Centro Republicano Espanhol de Sorocaba. Em 1937, o centro foi fechado. Indalécio Gomes foi posto em liberdade em 1938.

Palavras-chaves: *Aliança Nacional Libertadora (ANL)*
Boletim
Centro Republicano Espanhol de Sorocaba (SP)
Comunismo
Espanhol
Estrada de Ferro Sorocabana
Sorocaba (SP)

Prontuário: 2790 **Itaiuty Carneiro de Magalhães**
Vulgo: -
Profissão: Ferroviário
Nacionalidade: Brasileira
Naturalidade: São José Ferrier (SP)
Datas-limite: **Inicial:** 03/02/1934 **Final:** 25/07/1947

Síntese: Em 1934, a polícia investigou o movimento grevista dos ferroviários da E.F. Sorocabana, na cidade de Sorocaba. Apontou como "cabeças" Carlos Gomes, João Braz da Costa e Leopoldino Bueno Machado. Nessa data, foram presos cerca de dez ativistas, sendo Itaiuty Carneiro considerado o principal "cabeça" de todo o movimento. Uma carta datada do mesmo ano afirma que o prontuariado mantinha relações com Ladislau de Camargo, Custódio Guimarães e Antônio Lopes. A polícia apreendeu um boletim dedicado aos ferroviários e assinado por Itaiuty Carneiro. Foi preso, em 26 de dezembro de 1935, apontado como participante do movimento revolucionário de novembro do mesmo ano. Inquirido, Itaiuty Carneiro declarou não ser comunista e nem pertencente à ANL, ainda que presidente do Sindicato da Sorocabana. Em 1937, foi preso como agitador de comícios e greves pelos sindicatos de Botucatu, Bauru, Assis, Presidente Prudente e Santo Anastácio. Foi solto em fevereiro de 1937.

Palavras-chaves: *Aliança Nacional Libertadora (ANL)*
Assis (SP)
Bauru (SP)
Botucatu (SP)
Comício
Comunismo
Estrada de Ferro Sorocabana
Ferroviário
Greve
Intentona Comunista
Presidente Prudente (SP)
Santo Anastácio (SP)
Sindicato dos Ferroviários da Estrada de Ferro Sorocabana

Prontuário: **70248** **João Alves Oliveira**
Vulgo: -
Profissão: -
Nacionalidade: -
Naturalidade: -
Datas-limite: **Inicial:** 01/09/1937 **Final:** 12/07/1946
Síntese: João Oliveira, em 1937, foi declarado como filiado do PRP (Partido Republicano Paulista) de Laranjal Paulista, dando-se ênfase ao fato deste ser "cidadão de grande prestígio" local, podendo vir a ser uma "forte oposição política".
Palavras-chaves: *Laranjal Paulista (SP)*
Partido Republicano Paulista (PRP)

Prontuário: 2816 **João Amâncio Ribeiro**
Vulgo: -
Profissão: -
Nacionalidade: Brasileira
Naturalidade: -
Datas-limite: **Inicial:** 31/07/1935 **Final:** -

Síntese: Segundo relato do delegado de Itapetininga, em 1935, foi constatada a presença, naquela cidade, de adeptos e simpatizantes da ANL, que agiam conjuntamente ao Sindicato Ferroviário da Sorocabana, presididos provisoriamente por João Amâncio Ribeiro. A polícia afirmou que os aliancistas incentivavam a luta social, movimentos grevistas e manifestações contra os integralistas. Diversos cidadãos foram indiciados como ativistas da ANL, entre eles: João Amâncio, Antônio Marques, Olavo Toledo, Pedro José de Camargo e João Manoel da Costa.

Palavras-chaves: *Aliança Nacional Libertadora (ANL)*
Greve
Integralismo
Itapetininga (SP)
Sindicato dos Ferroviários da Estrada de Ferro Sorocabana

Prontuário: 44920 **João Batista de Aquino**
Vulgo: -
Profissão: Padre e Prefeito
Nacionalidade: -
Naturalidade: -
Datas-limite: **Inicial:** 11/12/1943 **Final:** 13/01/1955

Síntese: Em 1943, o padre João Aquino, proprietário de uma escola ginasial e prefeito da cidade de Agudos (SP), foi acusado pelo investigador Romeu Caroni de dar amplo apoio às idéias integralistas propagadas por Mamante Torre, professor da mesma escola. Afirmou para a Superintendência que havia sofrido agressões dos alunos da dita escola a mando do professor Mamante e do Padre João, com apoio dos italianos locais. Em 1945, o Delegado de Agudos declarou ao Delegado de Ordem Política e Social que o prefeito e o padre João Aquino, como também o professor Mamante, foram vítimas de Romeu Caroni, que os acusou de serem adeptos do Integralismo no ano de 1942. Por não mais exercerem atividades "extremistas", a acusação do investigador Caroni foi desconsiderada. Em janeiro de 1945, o prefeito Pe. João Aquino foi acusado de "câmbio negro", sendo o caso, alguns meses depois, arquivado pelo Tribunal de Segurança Nacional.

Palavras-chaves: *Agudos (SP)*
Câmbio Negro
Delação
Escola
Integralismo
Italiano
Professor

Prontuário: 48783 **João Cardinalli**
Vulgo: -
Profissão: Comerciante
Nacionalidade: Italiana
Naturalidade: Santa Maria Nova
Datas-limite: **Inicial:** 14/07/1943 **Final:** 01/12/1944

Síntese: Em 1947, foi instaurado inquérito contra Antônio e João Cardinalli, acusados de ofenderem o Brasil, declamando palavras difamadoras. Ambos foram também processados como Quinta colunistas.

Palavras-chaves: *Piracicaba (SP)*
Quinta Coluna

Prontuário: 71030 **João Carletti**
Vulgo: -
Profissão: -
Nacionalidade: Brasileira
Naturalidade: -
Datas-limite: **Inicial:** 01/06/1946 **Final:** -

Síntese: Segundo um relatório de investigação, o movimento comunista de Piracicaba era dividido em três partes: orientadores, propagandistas e simpatizantes. A polícia listou os nomes dos respectivos ativistas comunistas de Piracicaba, dentre os quais, constatamos o nome de João Carletti como simpatizante. Para a polícia, os simpatizantes, geralmente, eram semi-analfabetos e completamente ignorantes. Compareciam aos comícios para aplaudir os oradores propagandistas e freqüentavam as reuniões comunistas a fim de receberem instruções dos dirigentes do PCB.

Palavras-chaves: *Comício*
Comunismo
Partido Comunista Brasileiro (PCB)
Piracicaba (SP)

Prontuário: 70815 **João Chiarini**
Vulgo: -
Profissão: Funcionário da Secretaria da Agricultura (Piracicaba - SP)
Nacionalidade: -
Naturalidade: -
Datas-limite: **Inicial:** 01/06/1946 **Final:** 13/05/1952

Síntese: João Chiarini foi considerado pela polícia líder e simpatizante do comunismo na cidade de Piracicaba. Em 1946, foi acusado de incentivar a uma greve os operários da Fábrica de Tecidos Acetuzina. Em 1947, foi considerado elemento comunista e ligado ao PSB. Em 1948, registrou-se que Chiarini distribuía boletins assinados por Luís Carlos Prestes. Em 1949, Chiarini foi procurado em Piracicaba por intelectuais como Caio Prado Jr., e a partir de então, constatou-se que o prontuariado residia em São Paulo, trabalhando como professor da Escola Rural do Butatan.

Palavras-chaves: *Boletim*
Caio Prado Jr.
Comunismo
Escola Rural do Butatan
Fábrica de Tecidos Arethuzina
Greve
Intelectual
Luís Carlos Prestes
Partido Socialista Brasileiro (PSB)
Piracicaba (SP)
Professor
São Paulo

Prontuário: 83799 **João Cuebas Sanches**
Vulgo: -
Profissão: Foguista
Nacionalidade: -
Naturalidade: -
Datas-limite: **Inicial:** 08/08/1947 **Final:** -
Síntese: João Cuebas Sanches foi classificado pela polícia como contribuinte fichado no Comitê Democrático Progressista do PCB. Seu nome consta em uma lista de comunistas contribuintes do referido comitê, reproduzida em 1947.
Palavras-chaves: *Comitê Democrático Progressista*
Comunismo
Partido Comunista Brasileiro (PCB)

Prontuário: 3332 **João de Castro Brito**
Vulgo: -
Profissão: Comerciante
Nacionalidade: Brasileira
Naturalidade: Guaranésia (MG)
Datas-limite: **Inicial:** 30/11/1934 **Final:** 12/03/1948
Síntese: Em novembro de 1934, João de Castro foi retido como comunista da cidade de Lutécia, sendo solto em dezembro do mesmo ano. No ano de 1947, o nome do prontuariado aparece em listas policiais referentes aos filiados do PCB local. Em 1948, a polícia constatou a distribuição de boletins e a realização de comícios políticos em Lutécia. Como um dos líderes foi identificado Miguel Martins.
Palavras-chaves: *Boletim*
Comício
Comunismo
Lutécia (SP)
Partido Comunista Brasileiro (PCB)

Prontuário: 3839 **João de Deus Oliveira**
Vulgo: -
Profissão: Ferroviário

Nacionalidade: Brasileira
Naturalidade: Bonfim (BA)
Datas-limite: **Inicial:** 12/12/1935 **Final:** 10/09/1947
Síntese: Segundo uma carta de João de Deus ao Superintendente de Ordem Política e Social, constatamos que o prontuariado foi preso como comunista em 3 de dezembro de 1935. Em suas declarações, afirmou pertencer à ANL, sendo apenas secretário do Sindicato dos Ferroviários da Noroeste, sem envolvimento com assuntos políticos ou com o movimento revolucionário do norte do país. Em 17 de março de 1937, foi posto em liberdade.
Palavras-chaves: *Aliança Nacional Libertadora (ANL)*
Bauru (SP)
Comunismo
Sindicato dos Ferroviários da Estrada de Ferro Noroeste do Brasil

Prontuário: **43644** **João Geralde**
Vulgo: -
Profissão: Comerciante
Nacionalidade: Brasileira
Naturalidade: Jardinópolis (SP)
Datas-limite: **Inicial:** 02/10/1942 **Final:** 31/10/1942
Síntese: Em 1942, João Geralde foi acusado pelo Delegado de Valparaíso (SP) de infrator da Lei de Economia Popular por ter vendido combustível a preços superiores à tabela.
Palavras-chaves: *Araçatuba (SP)*
Economia Popular
Valparaíso (SP)

Prontuário: **1083** **João Geraldo da Costa**
Vulgo: -
Profissão: Eletricista
Nacionalidade: Espanhola
Naturalidade: Córdova

Datas-limite: **Inicial:** 28/02/1936 **Final:** 10/07/1947
Síntese: Em 1936, o delegado regional de Bauru (SP) classificou João Geraldo como "elemento comunista e propagandista". A polícia afirmou que ele era empregado da Cia. Paulista de Força e Luz e filiado à ANL. Em 10 de março de 1936, foi detido e, em 18 de maio de 1936, expulso do Brasil. No entanto, em 1941, o prontuariado foi localizado em Bauru e removido para a Superintendência de Ordem Política e Social. Em junho de 1941, foi transferido para a detenção e, em 1942, foi posto em liberdade provisória, sob vigilância do Ministério da Justiça.
Palavras-chaves: *Aliança Nacional Libertadora (ANL)*
Bauru (SP)
Cia. Paulista de Força e Luz
Comunismo
Espanhol

Prontuário: 2617 **João Gyuski ou João Gaisth**
Vulgo: -
Profissão: Jornaleiro
Nacionalidade: Lituana
Naturalidade: Chalei
Datas-limite: **Inicial:** 06/11/1933 **Final:** 10/09/1947
Síntese: O lituano João Gyuski foi preso, em 1933, na cidade de São Carlos, portanto boletins, jornais comunistas e duas pistolas. Seu nome encontra-se registrado em uma lista de comunistas processados em 1947.
Palavras-chaves: *Armas*
Boletim
Comunismo
Jornal
Lituano
São Carlos (SP)

Prontuário: 4391 **João Hilário Rabello**
Vulgo: -
Profissão: Lavrador
Nacionalidade: Brasileira
Naturalidade: Santa Catarina

Datas-limite: **Inicial:** 16/08/1936 **Final:** 26/05/1947
Síntese: Em 1936, segundo um relatório do Delegado da cidade de Marília, João Hilário fazia parte de um grupo de comunistas que estavam propagando idéias extremistas de Moscou pela cidade. Os indiciados eram membros da célula da Aliança Nacional Libertadora de Marília. João Hilário foi preso em 1938, permanecendo no presídio até 1941.
Palavras-chaves: *Aliança Nacional Libertadora (ANL)*
Comunismo
Marília (SP)

Prontuário: **1646** **João Kepenis**
Vulgo: -
Profissão: Operário
Nacionalidade: Lituana
Naturalidade: Obelias
Datas-limite: **Inicial:** 11/04/1932 **Final:** 01/07/1947
Síntese: Em 1932, João Kepenis foi encaminhado para a expulsão do país por envolvimento em uma agitação comunista no Frigoríco Barretos. Com ele, foram encontrados diversos folhetos comunistas da IV Internacional Comunista. Em 1936, ele foi acusado de organizar célula comunista no Frigorífico Anglo em Barretos.
Palavras-chaves: *IV Internacional Comunista*
Barretos (SP)
Comunismo
Expulsão
Folheto
Frigorífico Anglo S.A.

Prontuário: 73567 **João Maximiniano Artuzo**
Vulgo: -
Profissão: -
Nacionalidade: -
Naturalidade: -
Datas-limite: **Inicial:** 09/09/1936 **Final:** 27/11/1946
Síntese: No prontuário de João Maximiniano, encontra-se anexada uma lista contendo cerca de 360 nomes, entre eles o do prontuariado, de

cidadãos acusados de serem adeptos e simpatizantes da extinta AIB da região de Botucatu.

Palavras-chaves: *Ação Integralista Brasileira (AIB)*
Botucatu (SP)
Integralismo
Palmital (SP)

Prontuário: 774 **João Mineiro ou João Baptista**
Vulgo: -
Profissão: Operário
Nacionalidade: Italiana
Naturalidade: Caserta
Datas-limite: **Inicial:** 16/02/1931 **Final:** 01/10/1945

Síntese: João Mineiro, por ocasião da greve de 1917, foi considerado um dos maiores agitadores desse movimento. Foi expulso do Brasil, mas, em 1921, retornou através de um pedido de *habeas corpus*. Foi classificado como membro de ativos centros anarquistas de São Paulo. Em 1931, foi incluído na relação de anarquistas do país. Em 1932, a polícia encontrou uma proposta de adesão, em nome de João Mineiro, ao PCB.

Palavras-chaves: *Anarquismo*
Bauru (SP)
Expulsão
Partido Comunista Brasileiro (PCB)

Prontuário: **6845** **João Pimenta de Castro**
Vulgo: -
Profissão: Advogado
Nacionalidade: Brasileira
Naturalidade: Batatais (SP)
Datas-limite: **Inicial:** 21/05/1938 **Final:** 26/09/1966

Síntese: Em maio de 1938, Pimenta de Castro foi preso como propagandista do Integralismo. Em junho do mesmo ano, foi solto. Em junho de 1942, foi novamente acusado de atividades "extremistas", sendo chefe da extinta Ação Integralista. O delegado de Araraquara declarou que o prontuariado costumava desrespeitar as altas autoridades do país, acusando até mesmo Oswaldo Aranha, Ministro das Relações Exteriores. Juntamente com ele, agia o médico local, Renato Guimarães Bastos. Em novembro de 1942, Pimenta de Castro foi condenado pelo Tribunal de Segurança Nacional, sendo absolvido em dezembro do mesmo ano.

Palavras-chaves: *Ação Integralista Brasileira (AIB)*
Araraquara (SP)
Integralismo
Oswaldo Aranha

Prontuário: 86518 **João Prado Garcia**
Vulgo: -
Profissão: -
Nacionalidade: -
Naturalidade: -
Datas-limite: **Inicial:** 15/10/1947 **Final:** -

Síntese: No prontuário de João Garcia, foi anexada uma lista de governadores representantes da AIB em diversas cidades do interior paulista. Respectivo à cidade de Franca, constatamos João P. Garcia. Entre as 38 cidades do interior do Estado de São Paulo destacadas pela polícia citamos: Lorena, Mogi-Mirim, Sorocaba, Bauru, Rio Claro (Pimentel Jr), Casa Branca, Franca, Lins, Ribeirão Preto e outras.

Palavras-chaves: *Ação Integralista Brasileira (AIB)*
Bauru (SP)
Casa Branca (SP)
Franca (SP)
Integralismo
Lins (SP)
Lorena (SP)
Mogi-Mirim (SP)
Ribeirão Preto (SP)
Rio Claro (SP)
Sorocaba (SP)

Prontuário: 73708 **João Ritzel**
Vulgo: -

Profissão: -
Nacionalidade: -
Naturalidade: -
Datas-limite: **Inicial:** 21/10/1946 **Final:** -
Síntese: No prontuário de João Ritzel, verificamos uma lista contendo cerca de 360 nomes de cidadãos acusados de serem adeptos e simpatizantes da extinta AIB da região de Botucatu, entre os quais se encontra o prontuariado.
Palavras-chaves: *Ação Integralista Brasileira (AIB)*
Botucatu (SP)
Integralismo
Palmital (SP)

Prontuário: 73551 **João Soares Oliveira**
Vulgo: -
Profissão: -
Nacionalidade: Brasileira
Naturalidade: -
Datas-limite: **Inicial:** 09/09/1936 **Final:** 27/11/1946
Síntese: No prontuário de João Soares Oliveira, verificamos uma lista contendo cerca de 360 nomes, entre eles o do prontuariado, classificados como adeptos e simpatizantes da extinta AIB da região de Botucatu.
Palavras-chaves: *Ação Integralista Brasileira (AIB)*
Botucatu (SP)
Integralismo
Palmital (SP)

Prontuário: 2347 **João Soares Pinheiros**
Vulgo: -
Profissão: Maquinista
Nacionalidade: Brasileira
Naturalidade: Campinas (SP)
Datas-limite: **Inicial:** 10/04/1933 **Final:** 22/01/1934
Síntese: João Soares Pinheiros, cidadão de São Carlos e maquinista da Cia. Paulista de Estrada de Ferro era, segundo a polícia, membro prestigiado

da diretoria do sindicato dessa companhia. Em uma das plenárias do sindicato, realizada em São Carlos (19/12/1933), foi eleita uma comissão encarregada de viajar para o Rio de Janeiro, a fim de reivindicar a Lei de Pensões e o regulamento do trabalho ferroviário. Segundo investigações policiais, a comissão era composta por Jurandyr Bueno (Noroeste), João Soares Pinheiros (Cia. Paulista) e José Antunes de Oliveira (S.P.R.). Em 1933, João S. Pinheiros foi retido para prestar declarações junto ao Gabinete de Investigações em São Paulo. Pinheiros afirmou ser apenas sócio do sindicato, não fazendo parte de nenhum plano de ação grevista, nem de qualquer comissão reivindicatória. No mesmo ano, foi verificado que o orador oficial do sindicato da Cia. Paulista de São Carlos era um integralista. No dia 22 de janeiro de 1934, registrou-se a prisão de João Soares Pinheiros no Presídio Paraíso, na Capital.

Palavras-chaves: *Cia. Paulista de Estrada de Ferro*
Ferroviário
Greve
Integralismo
Lei de Pensões
Partido Socialista Brasileiro (PSB)
Presídio Paraíso
São Carlos (SP)

Prontuário: **893** **José Fernandes**
Vulgo: -
Profissão: Pintor
Nacionalidade: Brasileira
Naturalidade: Ribeirão Preto (SP)
Datas-limite: **Inicial:** 20/12/1935 **Final:** 14/05/1945

Síntese: Em 1936, a polícia invadiu a casa de José Fernandes e Alfredo Borges Pinto, na qual foram encontrados diversos boletins comunistas e 20 jornais da Classe Operária. Entre os boletins constavam aqueles de autoria do Comitê Central do PCB, Bureau de Agitação e Propaganda Nacional e Comissão Executiva do Sindicato dos Operários em Construção Civil. Alfredo Borges foi detido, enquanto José Fernandes foi dado como foragido. Em 1938, José Fernandes foi condenado pelo Tribunal de Segurança Nacional sendo, porém, só encontrado e preso em 1943, na cidade de Barretos. Foi anistiado em 1945.

Palavras-chaves: *A Classe Operária (jornal)*
Barretos (SP)
Boletim
Bureau de Agitação e Propaganda Nacional
Comissão Executiva do Sindicato dos Operários em
Comitê Central do Partido Comunista Brasileiro (PCB)
Comunismo
Construção Civil
Jornal

Prontuário: **2640** **José Ferreira Ribeiro**
Vulgo: -
Profissão: -
Nacionalidade: Brasileira
Naturalidade: -
Datas-limite: **Inicial:** 23/04/1936 **Final:** 05/06/1952
Síntese: Em 1934, a polícia informou a prisão de José Pedro de Souza, José Ferreira Ribeiro, Venício Alves dos Santos, Libório Rodrigues, José P. da Silva e outros. Segundo um relatório policial, esses cidadãos foram presos em Araçatuba, na sede da Liga Operária, local onde, reunidos, faziam propaganda comunista. Foram apreendidos diversos materiais (jornais, boletins e outros) que provavam o caráter comunista da referida sociedade.
Palavras-chaves: *Araçatuba (SP)*
Boletim
Comunismo
Jornal
Liga Operária de Araçatuba

Prontuário: 887 **José Maurano**
Vulgo: -
Profissão: -
Nacionalidade: -
Naturalidade: -
Datas-limite: **Inicial:** 10/04/1933 **Final:** -
Síntese: Um relatório policial de 1933 registrou a ocorrência de um movimento político ferroviário em São Carlos e Rio Claro. A investigação

constatou uma reunião dos ferroviários com ligação ao Partido Socialista na sede do Sindicato dos Ferroviários de São Carlos (empregados da Paulista, Douradense, Araraquarense e Central do Brasil). Como principais ativistas, cito os nomes de Nuncio Soares da Silva, Domingos Teixeira Pinto, João Soares Pinheiros e outros. José Maurano foi classificado pela polícia como representante do Sindicato em Bebedouro.

Palavras-chaves: *Bebedouro (SP)*
Cia. Paulista de Estrada de Ferro
Estrada de Ferro Araraquarense
Estrada de Ferro Central do Brasil
Estrada de Ferro Douradense
Ferroviário
Partido Socialista Brasileiro (PSB)
Rio Claro (SP)
São Carlos (SP)
Sindicato dos Ferroviários de São Carlos

Prontuário: 4807 **José Nogueira Carrijo**
Vulgo: -
Profissão: Dentista
Nacionalidade: Brasileira
Naturalidade: Quatis (SP)
Datas-limite: **Inicial:** 10/12/1935 **Final:** 29/07/1947
Síntese: José Carrijo foi preso, em 1935, acusado de pregar "o não pagamento da dívida por parte do Brasil", pertencer à Aliança Nacional Libertadora (ANL), compor o Diretório Municipal da cidade de Bauru (SP) e ser cúmplice do atentado comunista de novembro de 1935. Foi solto no dia 21 de fevereiro de 1937.

Palavras-chaves: *Aliança Nacional Libertadora (ANL)*
Atentado
Bauru (SP)
Comunismo

Prontuário: 122394 **José Pedro de Souza**
Vulgo: -

Profissão: Ambulante
Nacionalidade: Brasileira
Naturalidade: Pitangui (MG)
Datas-limite: **Inicial:** 09/10/1949 **Final:** 10/05/1954
Síntese: Em 1953, José Pedro de Souza foi preso e condenado por atividades comunistas junto à Liga Camponesa, na cidade de Guarapês, região de Araçatuba. Foi preso com o jornalista Dedeux Crispim. O prontuariado declarou ter participado do PCB de Araçatuba quando na ilegalidade e que havia sido detido no I Congresso Rural, em Andradina. Esteve preso em Valparaíso, cumprindo dois anos de prisão. Afirmou ter sido preso, porém não foi processado.
Palavras-chaves: *Araçatuba (SP)*
Comunismo
Congresso Rural
Guarapês (SP)
Jornalista
Liga Camponesa
Partido Comunista Brasileiro (PCB)
Valparaíso (SP)

Prontuário: **2546** **José Pimentel de Oliveira**
Vulgo: -
Profissão: Oficial de Registro
Nacionalidade: Brasileira
Naturalidade: -
Datas-limite: **Inicial:** -/04/1933 **Final:** 25/06/1938
Síntese: Em 1933, José Pimentel foi acusado de ser chefe comunista e responsável, juntamente com José Russo Primo, pela propagação de idéias extremistas junto aos centros operários das cidades interioranas de Campinas, São Carlos, Sorocaba, São Paulo e Santos, com o propósito de organizar uma greve geral, principalmente, em São Carlos. No mesmo ano, o prontuariado foi acusado de discursar idéias do "credo vermelho" na sede da Ação Integralista de Rio Claro. A polícia, alguns dias depois, certificou-se que José Pimentel era um cidadão de boa conduta, não sendo comunista e sim integralista. Porém o delegado local ressaltou que Pimentel tinha boas influências no meio ferroviário e mantinha amizade

com o comunista José Russo Primo. A polícia confirmou que José Pimentel era realmente um "seguidor do Sigma".

Palavras-chaves: *Ação Integralista Brasileira (AIB)*
Campinas (SP)
Centro Operário
Comunismo
Ferroviário
Greve
Integralismo
Rio Claro (SP)
Santos (SP)
São Carlos (SP)
São Paulo (SP)
Sorocaba (SP)

Prontuário: **41348** **José Zacarias de Lima**
Vulgo: -
Profissão: Funcionário Público
Nacionalidade: Brasileira
Naturalidade: Itabaianinha (SE)
Datas-limite: **Inicial:** 01/05/1938 **Final:** 01/05/1945

Síntese: Em 1938, a polícia fechou a sede da Ação Integralista Brasileira de Monte Alto (SP) e apreendeu livros, fichas de inscrições e listagens de integralistas locais. O chefe da AIB local era Zacarias de Lima e o prontuariado era um dos filiados e seguidores do "credo verde" em Monte Alto (SP).

Palavras-chaves: *Ação Integralista Brasileira (AIB)*
Integralismo
Monte Alto (SP)

Prontuário: **81177** **Jurandyr Bueno**
Vulgo: -
Profissão: Ferroviário
Nacionalidade: -
Naturalidade: -
Datas-limite: **Inicial:** 28/05/1936 **Final:** -

Síntese: Jurandyr Bueno, Sebastião Lins e Hélio de Moraes eram chefes da Ação Integralista Brasileira de Bauru (SP). Hélio Moraes também era secretário do Sindicato da Estrada de Ferro Noroeste do Brasil que, segundo a polícia, contava tanto com a participação de cidadãos comunistas como integralistas.

Palavras-chaves: *Bauru (SP)*
Comunismo
Integralismo
Sindicato dos Ferroviários da Estrada de Ferro Noroeste do Brasil

Prontuário: **603** **Jurandyr de Godoy Sanches**
Vulgo: -
Profissão: Operário
Nacionalidade: Brasileira
Naturalidade: Limeira (SP)
Datas-limite: **Inicial:** 10/03/1938 **Final:** 25/05/1938

Síntese: Em 1938, a polícia identificou os operários da Votorantin S/A, Jurandyr Godoy Sanches, Otto Junqueira e Ângelo Vidal, como "comunistas, perigosos e agitadores das classes operárias". Eles estariam incentivando movimentos grevistas na cidade de Sorocaba. Em maio de 1938, o prontuariado foi posto em liberdade.

Palavras-chaves: *Comunismo*
Fábrica Votorantin S/A
Greve
Operariado
Sorocaba (SP)

Prontuário: **873** **Laurentino Marques ou Laurentino Arruda**
Vulgo: -
Profissão: Eletricista
Nacionalidade: Brasileira
Naturalidade: Sorocaba (SP)
Datas-limite: **Inicial:** 17/11/1936 **Final:** 28/02/1948

Síntese: Em 1936, Laurentino Marques foi acusado pela polícia de participar do PCB desde 1934. Em 1935, ocupou uma vaga na diretoria e trabalhou ativamente na campanha para aumento de salários, organizada pelo PCB, que atingiu todo o país. Fazia parte do Sindicato dos Operários de Tração, Luz e Força e trabalhava na campanha de União dos Trabalhadores da Light, sendo um dos informantes do PCB. O prontuariado agia juntamente com Otto Junqueira, Jurandyr Godoy, João Francisco Viveiros, Manuel Dias Munhoz, Francisco de Castro Garcia e José Porfírio Bueno. Em 1945, Laurentino foi novamente recolhido pela polícia para averiguações. Em 1948, foi acusado de liderar uma célula do PCB em Sorocaba (SP).

Palavras-chaves: *Comunismo*
Partido Comunista Brasileiro (PCB)
Sindicato dos Operários de Tração, Força e Luz
Sorocaba (SP)
União dos Trabalhadores da Light

Prontuário: 945 **Lauro de Brito Damasceno**
Vulgo: -
Profissão: Estudante
Nacionalidade: Brasileira
Naturalidade: São José do Rio Pardo (SP)
Datas-limite: **Inicial:** 29/01/1936 **Final:** 25/10/1974

Síntese: Em 1936, o delegado de Tatuí (SP) afirmou que atuavam na cidade grupos de comunistas: um chefiado por Lauro de Brito Damasceno e outro por Antônio de Mello Bonilha. Segundo o relatório policial, o prontuariado realizou uma manifestação comunista, não fazendo segredos de seus ideais, como também foi colaborador do jornal *A Flâmula* do Grêmio Ginasial 26 de abril. Através desse periódico, fez uma intensa propaganda comunista e publicou diversos artigos de caráter extremista. Lauro de Brito foi processado e condenado, em 1936, por ter organizado a ANL em Tatuí. Com ele foi apreendido farto material de propaganda subversiva, como o jornal *A Platéia, A Lanterna, Boletins do Sindicato de Tecelões e Operários de Sorocaba*, boletim *O Assassino de um Operário, A Plebe, A Classe Operária*, boletim da ANL e exemplar das bases de acordo da Federação Anarquista de São Paulo. Lauro Damasceno foi solto em 1937 e suas atividades políticas documentadas até 1974.

Palavras-chaves: *A Classe Operária (jornal)*
A Flâmula (jornal)
A Lanterna (jornal)
A Platéia (jornal)
A Plebe (jornal)
Aliança Nacional Libertadora (ANL)
Boletim
Comunismo
Federação Anarquista de São Paulo
Grêmio Ginasial de Tatuí
Mogi-Mirim (SP)
Sindicato dos Operários Tecelões de Sorocaba
Sorocaba (SP)
Tatuí (SP)

Prontuário: **352** **Luiz Trevisan**
Vulgo -
Profissão: Tecelão
Nacionalidade: Brasileira
Naturalidade: Piracicaba (SP)
Datas-limite: **Inicial:** 15/07/1935 **Final:** 01/12/1969

Síntese: Luiz Trevisan, Roque Trevisan, Vicente Natale e Alexandre Andriotti foram presos em 15 de julho de 1935 por incitarem operários da Fábrica Felippe e do Canifício Armênio, em São Paulo. Luiz Trevisan declarou à polícia que era apenas associado ao Sindicato dos Tecelões de São Paulo e que acompanhava as atividades da ANL pelo jornal *A Platéia* e que, ao verificar que a mesma se encaminhava para uma propaganda extremista, afastou-se do movimento. Em 1936, foi delatado e preso como membro do Sindicato dos Tecelões e da ANL, e agitador político junto à Fábrica Belém em São Paulo. Em 1938, foi acusado, assim como seu irmão Roque Trevisan, de agitador de greves no Lanifício Ítalo Brasileiro. Em liberdade, continuou sob vigilância até 1950.

Palavras-chaves: *A Platéia (jornal)*
Aliança Nacional Libertadora (ANL)
Canifício Armênio
Delação

Fábrica Belém (SP)
Fábrica Felippe
Greve
Lanifício Ítalo Brasileiro
Operariado
Piracicaba (SP)
São Paulo (SP)
Sindicato dos Tecelões de São Paulo
Tecelão

Prontuário: **322** **Manoel Ribeiro**
Vulgo: -
Profissão: Comerciante
Nacionalidade: Brasileira
Naturalidade: São Carlos (SP)
Datas-limite: **Inicial:** 24/06/1931 **Final:** 17/02/1981
Síntese: Em 1932, Manoel Ribeiro juntamente com Haidee Nicolussi e Silvia Regina Pereira foram detidos como comunistas que se reuniam na malharia Paratodos, no Bom Retiro, em São Paulo. Manoel foi julgado pela polícia como membro de destaque da Juventude Comunista e promotor de reuniões entre os trabalhadores gráficos. Em 1948, o nome do prontuariado constava em uma lista de comunistas atuantes na região de Araçatuba (SP). Em 1975, a polícia constatou o nome Manoel Ribeiro em diversos documentos. Em 1981, a Delegacia de Ordem Política e Social verificou a antecedência criminal do prontuariado.
Palavras-chaves: *Araçatuba (SP)*
Bauru (SP)
Comunismo
Gráfico
Juventude Comunista
Malharia Paratodos
Mulher
São Paulo (SP)

Prontuário: **1709** **Marcílio Corrêa de ArrudaRocha**
Vulgo: -
Profissão: Artífice em Calçados
Nacionalidade: Brasileira
Naturalidade: Araraquara (SP)
Datas-limite: **Inicial:** 16/03/1936 **Final:** 04/09/1947
Síntese: Em 1936, Marcílio Rocha foi detido e confessou ser adepto do comunismo e apoiar Luís Carlos Prestes e as idéias políticas vindas de Moscou. O prontuariado fazia parte do grupo classificado como "extremista", composto por Orlando Silveira, Orlando Bueno de Alvarenga e pelo ferroviário Elisário Ribeiro. Em 1937, foi solto, sendo, em 1938, condenado a dois anos e seis meses de prisão. Somente foi preso em 1942 por estar foragido e, em 1944, foi posto em liberdade.
Palavras-chaves: *Araraquara (SP)*
Comunismo
Luís Carlos Prestes

Prontuário: **2116** **Mário Passini**
Vulgo: -
Profissão: Carpinteiro
Nacionalidade: Brasileira
Naturalidade: Idaiatuba (SP)
Datas-limite: **Inicial:** 16/12/1936 **Final:** 10/09/1947
Síntese: Em 1935, Mário Passini declarou que, em 1917, havia sido preso pois estava sem condições financeiras, razão pela qual, residia no prédio da Liga Operária em Piracicaba. Afirmou não pertencer à ANL. Para a polícia, o prontuariado era considerado elemento comunista e autor de depredações à Empresa Bragantina, em 1919. Segundo registros policiais, Passini foi preso em 10 de dezembro de 1935, por medidas preventivas, uma vez que o país se encontrava em estado de sítio e por ele já ser prontuariado no Gabinete de Investigações. Foi solto em 1937 e absolvido em 1938.
Palavras-chaves: *Aliança Nacional Libertadora (ANL)*
Comunismo
Empresa Brangantina
Liga Operária
Piracicaba (SP)

Prontuário: 319 **Moupyr Monteiro**
Vulgo: -
Profissão: Funcionário Público
Nacionalidade: Brasileira
Naturalidade: Itapetininga (SP)
Datas-limite: **Inicial:** 25/05/1938 **Final:** 22/04/1951
Síntese: Em 1938, Moupyr Monteiro declarou ao delegado adjunto que não era adepto do integralismo e de nenhum outro segmento político. A polícia considerou-o como "fervoroso integralista". O prontuariado ficou detido durante dez dias, tendo seu nome relacionado à lista reproduzida em uma cópia de 1947, dos integralistas atuantes no interior do Estado de São Paulo.
Palavras-chaves: *Integralismo*
Itapetininga (SP)

Prontuário: 2016 **Nelson de Oliveira**
Vulgo: -
Profissão: Eletricista
Nacionalidade: Brasileira
Naturalidade: Descalvado (SP)
Datas-limite: **Inicial:** 10/12/1935 **Final:** 02/03/1948
Síntese: Em 1935, Nelson de Oliveira prestou declarações ao Gabinete de Investigações, afirmando pertencer ao Partido Constitucionalista e ao Sindicato de Fiação e Tecelagem, quando era operário da Fábrica Arethuzina. Afirmou nunca ter assistido a comícios da ANL ou do PCB. Nelson de Oliveira foi detido em 30 de novembro de 1934 e remetido a São Paulo como "elemento altamente nocivo à ordem pública". Em 1936, registrou-se em um relatório a suspeita de propaganda comunista por parte dos piracicabanos Francisco Neves, Nelson de Oliveira e Mário Pasini. No mesmo ano, a polícia apreendeu o livro *A Sciência Moderna na Rússia Soviética*, pertencente a Hélio Krahembuhl, mas que se encontrava com Nelson de Oliveira, julgado pela polícia como orientador e propagandista do "credo vermelho" na cidade de Piracicaba. O prontuariado foi posto em liberdade em 13/03/1937 e absolvido em 1938. Em 1948, foi novamente preso como comunista.
Palavras-chaves: *A Sciência Moderna na Rússia Soviética (livro)*
Aliança Nacional Libertadora (ANL)

Comunismo
Fábrica de Tecidos Arethuzina
Livro
Partido Comunista Brasileiro (PCB)
Partido Constitucionalista (PC)
Piracicaba (SP)
Sindicato dos Operários em Fiação e Tecelagem

Prontuário: 8342 vol. 1 **Niponismo (E. F. Noroeste)**
Vulgo: -
Profissão: -
Nacionalidade: -
Naturalidade: -
Datas-limite: **Inicial:** 20/03/1942 **Final:** 02/03/1978
Síntese: Em 1942, foram realizadas investigações policiais sobre súditos japoneses radicados na cidade de Dois Córregos. Como controle da população, foram confeccionados mapas das cidades onde existiam colônias japonesas como, por exemplo, Lins. A polícia passou a vigiar a circulação de lavradores japoneses na cidade de Marília e a densidade demográfica dos japoneses da cidade de Guarapês. Relatou-se, também, a movimentação dos orientais em Lins, Bastos e de toda Alta Noroeste e Paulista.
Palavras-chaves: *II Guerra Mundial*
Bastos (SP)
Dois Córregos (SP)
Guarapês (SP)
Japonês
Lins (SP)
Marília (SP)
Mapa
Súditos do Eixo

Prontuário: 8342 vol. 2 **Niponismo (E. F. Noroeste)**
Vulgo: -
Profissão: -
Nacionalidade: -
Naturalidade: -

Datas-limite: **Inicial:** 17/08/1942 **Final:** 12/01/1952
Síntese: Durante a II Guerra Mundial, a polícia registrou os nomes das cooperativas de propriedades de japoneses sediadas nas cidades do interior do Estado de São Paulo. Relatou, também, detalhes sobre a vida cotidiana na maior cooperativa do Estado, que existia na cidade de Bastos, ressaltando a cultura, a economia, a religião, as tradições e outros aspectos interpretados como expressões antinacionalistas.
Palavras-chaves: *II Guerra Mundial*
Bastos (SP)
Cooperativa
Japonês
Nacionalismo

Prontuário: 2345 **Nuncio Soares da Silva**
Vulgo: -
Profissão: Ferroviário
Nacionalidade: Brasileira
Naturalidade: Rio Claro (SP)
Datas-limite: **Inicial:** 10/04/1933 **Final:** 12/07/1947
Síntese: Em 1934, um artigo do jornal *O Dia* anunciava a tentativa de um movimento grevista na Cia. Paulista de Estrada de Ferro, liderado pelo presidente do Sindicato Nuncio Soares. Em 1935, a polícia registrou que Nuncio havia sido da Cia. Paulista pelo Conselho Nacional do Trabalho. No mesmo ano, a polícia efetuou uma busca na casa de Nuncio, na qual apreendeu boletins de propaganda política, sendo um deles intitulado *Pelas Liberdades Democráticas*. Em 15 de julho de 1936, Nuncio foi condenado a 6 meses de prisão por danos nas linhas telegráficas e telefônicas da Cia. Paulista na noite de 18 de janeiro de 1934. Nuncio ficou preso até 12 de junho de 1937. Em 1947, seu nome foi registrado em uma lista de filiados ao Partido Socialista.
Palavras-chaves: *Boletim*
Greve
O Dia (jornal)
Partido Socialista Brasileiro (PSB)
São Carlos (SP)
Sindicato da Cia. Paulista de Estrada de Ferro

Prontuário: 951 **Octávio Bueno**
Vulgo: -
Profissão: Motorista
Nacionalidade: Brasileira
Naturalidade: Campinas (SP)
Datas-limite: **Inicial:** 08/02/1936 **Final:** 09/03/1936
Síntese: Em 1936, Octávio Bueno foi classificado pelo Delegado de Ordem Política e Social como capanga de Octávio Ramos e elemento da ANL. Octávio Bueno foi apontado como distribuidor de boletins durante os comícios e acusado de cantar o hino da III Internacional Comunista. Fazem parte também do grupo comunista João Cabanas, Guarany, Caio Prado e Stevenson. Octávio Bueno foi delatado por quatro cidadãos que eram vizinhos do prontuariado e por isso presenciaram diversas reuniões clandestinas e "estranhas" à ordem estabelecida. É citada também como comunista Ursulina Araújo, esposa de Octávio Bueno. A polícia confirmou que Octávio Bueno era cobrador do Sindicato dos Volantes de Sorocaba, conhecido como revolucionário desde 1924, e ativista da Frente Única Sindical, guiada pelo PCB. O prontuariado foi recolhido em 4 de março de 1936 e solto no dia 9 do mesmo mês.
Palavras-chaves: *III Internacional Comunista*
Aliança Nacional Libertadora (ANL)
Boletim
Comunismo
Delação
Frente Única Sindical
Mulher
Música
Partido Comunista Brasileiro (PCB)
Sindicato dos Volantes de Sorocaba
Sorocaba (SP)

Prontuário: 353 **Roque Trevisan**
Vulgo: -
Profissão: Tecelão
Nacionalidade: Brasileira
Naturalidade: Piracicaba (SP)

Datas-limite: **Inicial:** 15/07/1935 **Final:** 01/12/1969

Síntese: A polícia apreendeu em poder de Roque Trevisan vários folhetos de protesto contra a bomba atômica e a favor dos "candidatos de Prestes". Foi apreendida também uma lista dos donativos a favor dos operários em greve da Tecelagem de Sedas Ítalo Brasileira e um livreto do Sindicato dos Operários em Fiação e Tecelagem de São Paulo, que orientava como os operários deveriam interpretar as leis sociais. Em 1935, constatamos um informe policial sobre a greve na Fábrica Felippe com a qual Trevisan estava envolvido. No mesmo ano, o prontuariado declarou ao Gabinete de Investigações que pertencia à ANL e que participava de seus comícios. Afirmou ser associado do Sindicato dos Operários em Fiação e Tecelagem de São Paulo, e que servia de intermediário, e não como orientador, para arrecadar os donativos para a greve da Tecelagem de Sedas Ítalo Brasileiro. Declarou não ser comunista e que havia se filiado à ANL por acreditar que esse partido não tinha um caráter extremista. Em 1938, a polícia registrou que Roque Trevisan havia sido orador de uma reunião dos representantes dos sindicatos proletários de São Paulo, realizada na sede do Sindicato dos Ferroviários da Estrada de Ferro Sorocabana. Em 1940, Roque Trevisan foi expulso do Sindicato dos Operários de Fiação e Tecelagem pelo Inspetor Regional do Trabalho, em parceria com a polícia e a pedido de certos diretores do sindicato. Em 1945, foi retido para averiguações e, em 1946, tornou-se presidente do Movimento Unificador dos Trabalhadores (MUT). Foi preso em 1948 e acusado de atividades comunistas em 1950.

Palavras-chaves: *Aliança Nacional Libertadora (ANL)*
Bomba Atômica
Comício
Comunismo
Fábrica Felippe
Folheto
Greve
Legislação
Movimento Unificador dos Trabalhadores (MUT)
Operariado
Piracicaba (SP)
Sindicato dos Ferroviários da Estrada de Ferro Sorocabana
Sindicato dos Operários em Fiação e Tecelagem
Tecelagem de Seda Ítalo Brasileira

ICONOGRAFIA

DESCRIÇÃO DOS ASSUNTOS	NÚMERO	TIPOLOGIA	DATA	DESCRIÇÃO DA IMAGEM
ABRAHÃO MALUFF	2426	F	-	Casas pichadas da cidade de Lençóis Paulista (SP).
AÇÃO INTEGRALISTA BRASILEIRA	40499 VOL. 1	F	-	Grupo de integralistas de São Paulo.
ALBERTINO MARQUES BARRETO	69984	F	-	Identificação policial de Albertino Marques Barreto – frente e perfil.
ANTÔNIO RODRIGUES	3003	F	-	Identificação policial de Antônio Rodrigues – frente e perfil.
BENEDITO ESTEVES	2277	F	-	Identificação policial de Benedito Esteves – frente e perfil.
DELEGACIA DE JUNDIAÍ	581 VOL. 1	F	-	Identificação policial de materiais de guerra e de propaganda extremista utilizados por "súditos do Eixo" em Jundiaí (SP) – caixas e mapas.
DELEGACIA DE JUNDIAÍ	581 VOL. 1	F	-	Identificação policial de materiais de guerra e de propaganda extremista utilizados por "súditos do Eixo" em Jundiaí (SP) – porta-retratos, rádios, mapas e munições.
DELEGACIA DE JUNDIAÍ	581 VOL. 1	F	-	Identificação policial de materiais de guerra e propaganda extremista utilizados por "súditos do Eixo" em Jundiaí (SP) – bandeiras, porta-retratos e caixas.
DELEGACIA DE JUNDIAÍ	581 VOL. 1	RF	-	Cartão postal de vilarejo alemão.
DELEGACIA DE JUNDIAÍ	581 VOL. 1	D	-	Ilustração anarquista representando o clero como um formigueiro atacando o Brasil. (*A Lanterna*, nº 354)
DELEGACIA REGIONAL DE ARAÇATUBA	1396 VOL. 1	F	-	Destroços do armazém da Estação Ferroviária Noroeste do Brasil.

DESCRIÇÃO DOS ASSUNTOS	NÚMERO	TIPOLOGIA	DATA	DESCRIÇÃO DA IMAGEM
DELEGACIA REGIONAL DE ARAÇATUBA	1396 VOL. 1	F	-	Vista de parte da Estação Ferroviária Noroeste do Brasil, danificada pela explosão de uma bomba.
DELEGACIA REGIONAL DE ARAÇATUBA	1396 VOL. 1	F	-	Residências danificadas pela explosão de uma bomba.
DELEGACIA REGIONAL DE ARAÇATUBA	1396 VOL. 1	F	-	Vista geral do armazém da Noroeste do Brasil.
DELEGACIA REGIONAL DE ARAÇATUBA	1396 VOL. 1	F	-	Farmácia localizada na Estação Ferroviária da Noroeste do Brasil.
DELEGACIA REGIONAL DE ARAÇATUBA	1396 VOL. 1	F	-	Vestígios da bomba explodida na Estação Ferroviária Noroeste do Brasil.
DELEGACIA REGIONAL DE BARRETOS	547 VOL. 1	F	-	Homem, mulher e crianças japonesas. (anexada em passaporte)
DELEGACIA REGIONAL DE BAURU	552 VOL. 1	D	-	Representação bélica entre clero, exército e burguesia contra um tanque de guerra.
DELEGACIA REGIONAL DE PRESIDENTE PRUDENTE	550 VOL. 1	F	-	Colônia alemã de Maracaí (SP).
DOMINGOS PIMENTEL DE MIRANDA	869	F	-	Identificação policial de materiais de propaganda comunista encontrados na cidade de Bauru (SP).
DOMINGOS PIMENTEL DE MIRANDA	869	F	22/03/1936	Identificação policial de Domingos Pimentel de Miranda – frente e perfil.
DURVALINO PEIXOTO SILVEIRA	3511	F	-	Identificação policial de Durvalino Peixoto Silveira – frente e perfil.
ERNESTO IMPARATO	604	F	-	Identificação policial de Ernesto Imparato – frente e perfil.
FRANCISCO PINTO	2215	F	-	Identificação policial de Francisco Pinto – frente e perfil.
INDALÉCIO GOMES	2244	F	-	Identificação policial de Indalécio Gomes – frente e perfil.

DESCRIÇÃO DOS ASSUNTOS	NÚMERO	TIPOLOGIA	DATA	DESCRIÇÃO DA IMAGEM
JOÃO KEPENIS	1646	RF	-	Imagem Lênin – frente/parte superior.
JOÃO KEPENIS	1646	F	12/04/1932	Identificação policial de João Kepenis – frente e perfil.
JOÃO MINEIRO	774	F	-	Identificação policial de João Mineiro – frente e perfil.
JURANDYR DE GODOY SANCHES	603	F	-	Identificação policial de Jurandyr de Godoy Sanches - frente e perfil.
LAURENTINO MARQUES ou LAURENTINO ARRUDA	873	F	-	Foto do casal Laurentino Marques e esposa.
LUIZ TREVISAN	352	F	-	Identificação policial de Luiz Trevisan – frente e perfil.
MÁRIO PASSINI	2116	F	-	Identificação policial de Mário Passini – frente e perfil.
NIPÔNICOS (E. F. NOROESTE)	8342	RF	-	Mapa do município de Lins (SP).

Legenda: C = caricatura; D = desenho; F = fotografia; RF = reprodução fotográfica

BIBLIOGRAFIA

ALENCAR; CARDI, L.; RIBEIRO, M. V. *História da Sociedade Brasileira*. Rio de Janeiro: Ao Livro Técnico, 1985.

ALMEIDA, M. H. T. de. *Estado e Classes Trabalhadoras do Brasil: 1930/45*. São Paulo, 1979. Tese (Doutorado) – Faculdade de Filosofia, Letras e Ciências Humanas, Universidade de São Paulo.

ANTUNES, R. *Classe Operária, Sindicatos e Partidos no Brasil*. São Paulo: Cortez, 1982.

ARENDT, Hannah. *O Sistema Totalitário*. Lisboa: Dom Quixote, 1978.

_____. *Crises da República*. São Paulo: Perspectiva, 1973.

BALANDIER, G. *O Poder em Cena*. Brasília: UnB, 1980.

BERNARDO, A. C. *Tutela e Autonomia Sindical: Brasil 1930 a 1945*. São Paulo: T. A. Queiroz, 1982.

BUARQUE de HOLANDA, S. *História Geral da Civilização Brasileira*. São Paulo: DIFEL, 1981. v. 3.

CANCELLI, E. *O Mundo da Violência*. Brasília: UnB, 1993.

CANETTI, Elias. *Massa e Poder*. São Paulo: Melhoramentos, 1983.

CARDOSO, F. H. *Autoritarismo e Democratização*. Rio de Janeiro: Paz e Terra, 1975.

CARNEIRO, B. *A Revolução de 30: História e Historiografia*. São Paulo: Brasiliense, 1970.

CARNEIRO, M. L. T. O Anti-semitismo na Era Vargas: fantasmas de uma geração (1930-1945). 3ª ed., São Paulo: Perspectiva, 2001.

_____. A Comunidade Judaica sob a Vigilância do DEOPS. In: _____. *Memórias Silenciadas. História da Censura no Brasil*. São Paulo: EDUSP, FAPESP, 2001.

_____. *Livros Proibidos, Idéias Malditas. O DEOPS e as Memórias Silenciadas*. São Paulo: Ateliê Editorial, 2002.

_____. *Cidadão do Mundo. O Brasil diante da questão dos refugiados judeus (1933-1948)*. São Paulo, 2001. Tese (Livre Docência) – Faculdade de Filosofia Letras e Ciências Humanas, Universidade de São Paulo.

CAPELATO, M. H.; PRADO, M. L. *O Bravo Matutino: imprensa e ideologia*. São Paulo: Alfa Omega, 1980.

_____. Propaganda Política e Controle dos Meios de Comunicação. In: PANDOLFI, Dulce (org). *Repensando o Estado Novo*. Rio de Janeiro: FGV, 1999.

CARONE, Edgard. *A República Nova*. São Paulo: DIFEL, 1974.

_____. *O Estado Novo*. São Paulo: DIFEL, 1976.

_____. *Revolução do Brasil Contemporâneo*. São Paulo: DIFEL, 1975.

_____. *Brasil, Anos de Crise (1930-1945)*. São Paulo: Ática, 1991.

CARRAVETA, S. G. *A Angústia do Século XX e os Problemas Brasileiros*. Porto Alegre: Globo, 1940.

CHACON, V. *História das Idéias Socialistas no Brasil*. Rio de Janeiro, s/d.

CHAUÍ, Marilena. *Conformismo e Resistência*. Rio de Janeiro: Paz e Terra, 1978.

_____. *Ideologia e Mobilização Popular*. Rio de Janeiro: Paz e Terra, 1980.

DECCA, Edgard. *O Silêncio dos Vencidos*. São Paulo: Brasiliense, 1976.

DECCA, M. A. G. *A Vida fora das Fábricas. 1920-1934*. São Paulo: Paz e Terra, 1987.

DEZEM, Rogério. *Shindô-Renmei: Terrorismo e Repressão*. Coleção Inventário/DEOPS. São Paulo: Arquivo do Estado/Imprensa Oficial, 2000.

DIAS, E. *História das Lutas Sociais no Brasil*. São Paulo: Alfa Omega, 1977.

DRUMMOND, Magalhães. *Discurso de Paraninfo – Bacharéis em Direito da UFMG*. Belo Horizonte: Gráfica Breyner, 1937.

DUTRA, Eliana. *O Ardil Totalitário: imaginário político no Brasil dos anos 30*. UFRJ/UFMG, 1997.

FAUSTO, B. *A Revolução de 30*. São Paulo: Brasiliense, 1970.

_____. *História Geral da Civilização Brasileira*. [s.l.: s.n.], 1975 e 1977.

FOUCAULT, M. *Vigiar e Punir: nascimento da prisão*. Trad. de Lígia Vassalo. Petrópolis: Vozes, 1987.

GAMBINI, R. *O Duplo Jogo de Vargas: influências americana e alemã no Estado Novo*. São Paulo: Símbolo, 1977.

GARCIA, N. *Estado Novo: Ideologia e Propaganda Política.* São Paulo: Loyola, 1982.

GOFFMAN, E. *O Estigma.* Rio de Janeiro: Zahar, 1980.

GOMES, Ângela de Castro. Ideologia e Trabalho no Estado Novo. In: PANDOLFI, Dulce (org.). *Repensando o Estado Novo.* Rio de Janeiro: FGV, 1999.

HUGGINS, Martha K. *Polícia e Política: relações Estados Unidos/América Latina.* São Paulo: Cortez, 1998.

JORGE, Stela Maris Fernandes. *Filinto Müller: memória e mito (1933-1942).* São Paulo, 1993. Tese (Doutorado) – Faculdade de Filosofia, Letras e Ciências Humanas, Universidade de São Paulo.

KOSSOY, Boris. *Fotografia e História.* São Paulo: Ática, 1989.

KOVAL, Boris. *História do Proletário no Brasil.* São Paulo: Alfa Omega, 1982.

LEVINE, R. *O Regime de Vargas: os anos críticos (1934-1938).* Rio de Janeiro: Nova Fronteira, 1980.

LINHARES, Hermínio. *Contribuição à História das Lutas Operárias no Brasil.* São Paulo: Alfa Omega, 1977.

LUIZETO, Flávio V. O Proletário Industrial na Primeira República. In: FAUSTO, Boris (org.). *História da Civilização Brasileira.* São Paulo: DIFEL, 1985, vol. 9.

MEDEIROS, Ana Lígia; HIRST, Mônica. *A Bibliografia Histórica de 1930-1945.* Brasília: UNB, 1982.

MENDONÇA, Nadir D. *A (Des)construção das (Des)ordens. O poder e a violência em Três Lagoas 1915-1945.* São Paulo, 1991. Tese (Doutorado) – Faculdade de Filosofia, Letras e Ciências Humanas, Universidade de São Paulo.

MESSIAS, Wanderley Costa. *Geografia Política e Geopolítica: discursos sobre o território e o poder.* São Paulo: HUCITEC, 1992.

MUNAKATA, K. *Legislação Trabalhista no Brasil.* São Paulo: Brasiliense, 1981.

MUYAMOTO, S. *O Pensamento Brasileiro (1920-1980).* São Paulo, 1981.

SANTOS, M. G. Sydney dos. *A Cultura Opulenta de Everaldo Backeuser.* Rio de Janeiro: Ed. Carioca de Engenharia S.A., 1980.

OLIVEIRA, L. M. L. *O Partido Social Democrata.* Rio de Janeiro: IUPERJ, 1973.

OLIVEIRA, Lúcia Lippi e outros. *Estado Novo: ideologia e poder.* Rio de Janeiro: Zahar, 1982, vols. II e V.

PACHECO, E. *O Partido Comunista Brasileiro (1922-1964).* São Paulo: Alfa Omega, 1984.
PANDOLFI, Dulce (org). *Repensando o Estado Novo.* Rio de Janeiro: FGV, 1999.
PINHEIROS, P. S. *A Estratégia das Ilusões: a revolução Mundial e o Brasil (1922-35).* São Paulo: Cia. das Letras, 1991.
RODRIGUES, E. *Trabalho e Conflito – as greves operárias no Brasil.* São Paulo: Global, 1984.
RODRIGUES, J. A. *Sindicato e Desenvolvimento no Brasil.* São Paulo: Difel, 1968.
RODRIGUES, L. *Sindicalismo e Conflito Social.* Rio de Janeiro: Ed. Brasil, 1970.
_____. O PCB: os dirigentes e a organização. *In: História Geral da Civilização Brasileira.* São Paulo: Difel, 1974.
SANTOS, Terezinha dos. *Os Seguidores do Duce: Os italianos fascistas no Estado de São Paulo.* São Paulo: Arquivo do Estado/Imprensa Oficial, 2001. Coleção Inventário/DEOPS.
SHAWARTZMAN, S. *Tempos de Capanema.* São Paulo: Paz e Terra/ EDUSP, 1985.
SILVA, Zélia Lopes da. *A Domesticação dos Trabalhadores nos anos 30.* São Paulo: Marco Zero/CNPq, 1990.
SIYFERTH, Gilda. Os Imigrantes e a Campanha de Nacionalização do Estado Novo. PANDOLFI, Dulce (org.). In: *Repensando o Estado Novo.* Rio de Janeiro: FGV, 1999.
SODRÉ, N. W. *A Intentona Comunista.* Porto Alegre: Mercado Aberto, 1986.
TRINDADE, H. *O Integralismo: o fascismo brasileiro na década de 30.* São Paulo: Difel, 1974.
VICENTINI, Carlos A. *A instauração da Temporalidade e a (Re)fundação na História: 1937 e 1930.* Rio de Janeiro, 1986, n. 87.
WIAZOVSKI, Taciana. *Bolchevismo & Judaísmo - A comunidade judaica sob o olhar do DEOPS.* São Paulo: Arquivo do Estado/Imprensa Oficial, 2001. Coleção Inventários DEOPS, Módulo VI - Comunistas.

ÍNDICE DE ASSUNTOS

Título: Na Boca do Sertão: o perigo político no interior do Estado de São Paulo (1930-1945) • Coleção: Inventário DEOPS - Módulo VIII - Geopolítica do Controle • Capa e editoração eletrônica: Fernando de Sousa Lima • Formato: 16 x 23 cm - fechado • Mancha: 12 x 19 cm • Tipologia: AGaramond 12 • Papel: miolo - couchê fosco 90 g/m² • capa - cartão revestido 250 g/m² (com orelhas) • Número de páginas: 224 • Tiragem: 1500 exemplares • Fotolitos e impressão: Imprensa Oficial do Estado • Data de Impressão: 04/2003